Erläuterungen und Dokumente

Joseph von Eichendorff
Aus dem Leben eines Taugenichts

Von
Hartwig Schultz

Philipp Reclam jun. Stuttgart

Eichendorffs Novelle *Aus dem Leben eines Taugenichts* liegt
unter Nr. 2354 in Reclams Universal-Bibliothek vor. Auf
diese Ausgabe beziehen sich die Seiten- und Zeilenangaben
in den Erläuterungen.

Universal-Bibliothek Nr. 8198
Alle Rechte vorbehalten
© 1994 Philipp Reclam jun. GmbH & Co., Stuttgart
Gesamtherstellung: Reclam, Ditzingen. Printed in Germany 1997
RECLAM und UNIVERSAL-BIBLIOTHEK sind eingetragene Marken
der Philipp Reclam jun. GmbH & Co., Stuttgart
ISBN 3-15-008198-X

Inhalt

I. Wort- und Sacherklärungen

5,2 *Rad / Mühle:* Müller und Mühle sind die zentralen Motive des Liedes *Müllers Abschied* aus der romantischen Volksliedersammlung *Des Knaben Wunderhorn* von Achim von Arnim und Clemens Brentano (»Da unten in jenem Thale, / Da treibt das Wasser ein Rad, / Das treibet nichts als Liebe«). Eichendorff nimmt bereits in seinem Gedicht *In einem kühlen Grunde,* das zu seinem bekanntesten Lied wurde, das Mühlenmotiv auf und verbindet es ebenfalls mit dem Liebesthema. In dieser Verbindung wurde es zu einem Leitmotiv der deutschen Dichtung des 19. Jahrhunderts (und wirkt beispielsweise noch in Theodor Fontanes *Effi Briest* und Wilhelm Raabes *Pfisters Mühle* nach). Als Eichendorff den *Taugenichts* schrieb, war das Mühlenmotiv bereits populär, und es ist kein Zufall, daß Eichendorff den Helden der Novelle als Müllerssohn einführt, der sich immer wieder an die väterliche Mühle erinnert. Wie eng die Geschichte des Taugenichts mit dem Liebesthema verknüpft ist, wird unter anderem daraus deutlich, daß er diesen Helden in der ersten Fassung als *Der neue Troubadour* bezeichnete (vgl. S. 41f.). – Die Mühle ist jedoch zu Eichendorffs Zeit zugleich ein Ort der schweren Arbeit, der handwerklichen Produktion, und erscheint in den satirischen Schriften der Romantik gelegentlich auch als Sinnbild des philiströsen Arbeitslebens. Der Rausschmiß des Taugenichts aus der Mühle hat daher weniger mit einer Verbannung von einem ›poetischen Ort der Liebe‹ zu tun als mit dem Ausschluß aus dem geordneten Lebenslauf des Philisters. Nicht umsonst trägt auch der Müller das Kennzeichen des Philisters, die Schlafmütze (5,8). Der Taugenichts nimmt denn auch den Abschied recht leicht: Er braucht nicht mehr der schweren und geregelten Arbeit nachzugehen.

5,15f. *in die Welt gehen und mein Glück machen:* Die Formulierung erinnert an die Märchenhelden aus der Sammlung der Brüder Grimm, die 1812 zum erstenmal veröffentlicht würde (vgl. etwa _Hans im Glück_). Auf die Märchenelemente der Novelle weisen zahlreiche Interpreten hin.

5,23 _Geige:_ Bei dem Instrument des Taugenichts darf man nicht an eine normale Orchester-Violine denken. ›Geige‹ war lange Zeit die Bezeichnung für alle Arten von bogengestrichenen Saiteninstrumenten. Da der Taugenichts sein Instrument in der Rocktasche trägt (vgl. 31,2), hat man sich eine sogenannte »Pochette«, eine Taschen-Geige, vorzustellen.

5,23 _artig:_ nicht in heutigem Sinne, sondern »geschickt, hübsch, manierlich, niedlich, zierlich, elegant« (DWB 1, Sp. 573).

6,1 _Adjes:_ eingedeutschte Form von _Adieu._

6,2 f. _ein ewiger Sonntag im Gemüte:_ eine vielzitierte Wendung, die von Eichendorff möglicherweise als Antwort auf die Philisterdefinition der Romantik gedacht ist. »Philister leben nur ein Alltagsleben«, heißt es bei Novalis (vgl. S. 37).

6,6 _Wem Gott will rechte Gunst erweisen:_ Zu den lyrischen Texten und ihrer Rezeption vgl. Kap. IV,2.

6,10 _Die Trägen:_ Charakterisiert werden die »Urfeinde« der Romantiker, die Philister, die den Weg aus der bürgerlichen Enge des städtischen Lebens nicht finden. (Clemens Brentanos Satire philiströser Trägheit vgl. S. 38 des vorliegenden Bandes.) Schon Johann Gottlieb Fichte formuliert 1798 im _System der Sittenlehre:_ »Selbst die Regelmäßigkeit, und Ordnung der meisten Menschen ist nichts anderes, als jener Hang zur Ruhe, und zum Gewohnten. [...] _Trägheit_ sonach [...] ist das wahre, angebohrne, in der menschlichen Natur selbst liegende radicale Uebel: welches sich aus derselben auch gar wohl erklären läßt« (Johann Gottlieb Fichte, _Gesamtausgabe_, Bd. 5, _Werke 1798–1799_, hrsg. von Reinhard Lauth und Hans Gliwitzky, Stuttgart 1977, S. 183 ff.; Hervorhebung

dort). Eichendorff stellt in seinem Lied *Die zwei Gesellen* exemplarisch den Werdegang des trägen Philisters
dar:

> Der Erste, der fand ein Liebchen,
> Die Schwieger kauft Hof und Haus;
> Der wiegte gar bald ein Bübchen,
> Und sah aus heimlichen Stübchen
> Behaglich in's Feld hinaus.
>
> (W 1, S. 225)

6,18 *Den lieben Gott laß ich nur walten:* Die Zeile klingt an
das Kirchenlied von Georg Neumark an: »Wer nur den
lieben Gott läßt walten«.

6,28 f. *eigentlich gefielen sie mir alle beide:* Diese Bemer-
kung des Taugenichts wurde zum Ausgangspunkt psy-
chologischer Deutungen des *Taugenichts* (vgl. Wolfgang
Paulsen, im vorliegenden Band S. 99–101).

7,4 *Nach W.:* In der Ausgabe von 1841 wird die Stadt als
Wien identifiziert. So auch hier 27,26.

7,5 *in einer fremden Sprache:* Die Sprache des Adels und der
Höfe war zu Eichendorffs Zeiten oft noch das Französi-
sche.

7,9 *machte einen Reverenz:* erwies meine Reverenz (Verehrung, Ergebenheit) durch eine Verbeugung.

7,16 *Lerchen in der klaren blauen Luft:* Nach Eichendorffs
Auffassung zeigt die Natur sinnbildlich die göttliche
Ordnung (vgl. 87,15 f. mit Anm.). So deutet er in seinen
Dichtungen Aufstieg und Gesang der Lerche als Zeichen
der Wendung zum Himmel, als Symbol von Aufbruch,
innerer Erneuerung (vgl. 38,9 f.) und Auferstehung.

7,25 *heimlich:* hier wie öfter im Sinne von ›anheimelnd‹.

8,7 *Bandelier:* Schulterband.

8,22 *ich hatte nichts als mein Geigenspiel:* Der Taugenichts
entspricht dem Ideal des armen Künstlers, der nichts als
sein Instrument besitzt und so seine Distanz zum Besitz-
bürgertum zeigt. »Ich hab' nicht viel hienieden, / Ich
hab' nicht Geld noch Gut«, beginnt Eichendorffs Gedicht

Das Flügelroß (W 1, S. 148), in dem diese Auffassung beschrieben wird.

8,33–9,1 *Predigt … nützliche Lehren:* Zum erstenmal wird
der Taugenichts hier mit den Maximen der Philister kon-
frontiert. Sein Leben verläuft in Kontrast zu diesen Vorstellungen: Er verschreibt sich einer »brotlosen Kunst«,
treibt »unnützes Zeug« (8,35) und ist daher aus der Perspektive der fleißigen Bürger »Gesindel« (8,31), das ›her-
umvagiert‹ (vgl. Anm. zu 8,34).

8,34 *herumvagieren:* ziellos und ungebunden umherschwei-
fen, sich treiben lassen.

9,12 *diskurrieren:* intensiv diskutieren, einen Diskurs führen.

9,30 *Wohin ich geh' und schaue:* Die weiteren Strophen dieses Lieds singt der Taugenichts wenig später auf Drängen
seiner Begleiterinnen (14).

9,33 *Fraue:* Die von mhd. *frouwe* abgeleitete Form des
Wortes verbindet sich mit dem Minnedienst, den die Sänger der (meist adligen) Herrin leisteten. Die Gruppe um
den Dichter Otto Heinrich Graf von Loeben, der sich die
Brüder Eichendorff in Heidelberg 1807 angeschlossen
hatten, sah sich in der Tradition der Minnesänger (bzw.
französischen Troubadoure). Die (mittelhoch)deutsche
Minnedichtung war für die romantische Bewegung durch
Ludwig Tiecks Minnelieder-Übertragungen von 1803 er-
schlossen worden. So wie Tieck verwendet Eichendorff
hier die Orthographie der Moderne, nimmt aber die al-
tertümliche Sprachform auf. Wie auch Achim von Arnim
und Clemens Brentano in ihrer Volksliedersammlung
Des Knaben Wunderhorn paßt Eichendorff das alte Vokabular vorsichtig dem zeitgenössischen Gebrauch an.
Der Text erhält damit so etwas wie eine ›künstliche Pa-
tina‹, zumal Eichendorff die gleiche Form auch im Prosa-
text verwendet (57,13; 77,26; 79,28).

10,23–26 *Es wird keinem an der Wiege gesungen … Gott
lenkt:* Die Reflexionen des Taugenichts sind eher Ge-
meinplätze und bestehen aus geläufigen Sprichwörtern.

11,7 *Courage:* Mut.

11,13 *den weißen Arm:* Eine nicht durch die Sonne gefärbte Haut galt zu Eichendorffs Zeiten als Schönheitsideal. Bräunung war Zeichen minderwertiger (Feld-)Arbeit.

11,33 f. *schön rot und dick und gar prächtig und hoffärtig anzusehen:* Eichendorff beschreibt die typischen Vertreter des Landadels, die er in seiner Jugend auf den Gütern seiner Eltern in Oberschlesien kennengelernt hatte. In seinem Essay *Der Adel und die Revolution* beschreibt er das ländliche Idyll ausführlicher:
»Die zahlreichste, gesündeste und beiweitem ergötzlichste Gruppe [des Adels] bildeten die, von den großen Städten abgelegenen kleineren Gutsbesitzer in ihrer fast insularischen Abgeschiedenheit [. . .]. Man konnte sie [die Landfräulein] mit jungen Kätzchen vergleichen, die sorglos in wilden, und doch graziös-anmutigen Sprüngen und Windungen im Frühlingssonnenscheine spielen. Denn hübsch waren sie meist, bis auf wenige dunkelrote Exemplare, die in ihrem knappen Festkleide, wie Päonien, von allzu massiver Gesundheit strotzten. [. . .] Die Glücklichen hausten mit genügsamem Behagen großenteils in ganz unansehnlichen Häusern (unvermeidlich ›Schlösser‹ geheißen) [. . .].« (W 5, S. 393–395)

11,34 *Tulipane:* dichterisch für: Tulpe.

12,14 *einen blauen Montag:* Bereits im Mittelalter war es bei den Handwerkern Brauch, »den gesellen den montag zur arbeit für sich zu lassen. [. . .] allgemeiner aber nahmen die gesellen und dann die handwerker insgemein den montag als nachfeier des sonntags«. So entstand zunächst die Bezeichnung »guter montag« und dann später »der blaue montag« (DWB 12, Sp. 2514 f.).

13,7–12 *schöne Frau / eine Lilie / wie ein Engel / blauen Himmelsgrund:* Deutlich sind hier die Hinweise auf Maria, die ikonographisch durch die Lilie (Symbol der Unschuld) und die Himmelsfarbe blau gekennzeichnet wird. Den Vergleich mit der Lilie verwendet Eichendorff schon im ersten Entwurf zum *Taugenichts* (vgl. S. 48). – Daß die

Beziehung zur »schönen Fraue« dennoch eine erotische Komponente hat, entspricht dem christlichen Marienkult und der Minnelyrik. Die gleiche Verbindung findet sich auch in der frühen Lyrik Eichendorffs.

13,20–22 _Volkslied, gesungen vom Volk / Wunderhörner sind nur Herbarien:_ Die mündliche Überlieferung mit Gesang galt den Romantikern als Ideal der Volkskunst. Auch Goethe hatte in seiner Rezension des ersten _Wunderhorn_-Bandes (in der _Jenaischen Allgemeinen Literatur-Zeitung_ 1806) die Hoffnung ausgesprochen, daß die aufgezeichneten Texte als gesungene Lieder den Weg ins Volk zurückfinden sollten. Für einige Gedichte der Sammlung und für eine Reihe von volksliedartigen Kunstliedern im Gefolge des _Wunderhorns_ erfüllte sich diese Hoffnung, und Eichendorff vermerkte mit Stolz, daß sein Lied _In einem kühlen Grunde_ für ein (anonymes) Volkslied gehalten wurde (vgl. W 1, S. 877). Es war zunächst die Männergesangsbewegung (unter Einschluß der studentischen Burschenschaften), die sich – bereits zu Eichendorffs Zeiten – der romantischen Lieder annahm und sie popularisierte.

13,22 _Seele der National-Seele:_ Den engen Zusammenhang zwischen nationaler Volksdichtung und dem besonderen Empfinden der jeweiligen Nation hatte – schon vor der romantischen Bewegung – Johann Gottfried Herder herausgearbeitet. Das Wort »Nationalseele« findet sich jedoch erst in dem von Eichendorffs Vorbild Joseph Görres herausgegebenen _Rheinischen Merkur._

14,1–20 _Wohin ich geh' und schaue ... Und grab' mir bald mein Grab:_ Auf die Ähnlichkeit mit einem Lied Walthers von der Vogelweide (»Nemt, frouwe, disen kranz«) und dem Gedicht _Der Gärtner_ von Johann Martin Miller wurde in der Forschung hingwiesen.

14,12 _Sie ist zu hoch und schön:_ Hier wird erneut die Verwandtschaft mit Maria angedeutet (vgl. Anm. zu 13,7–12) und zugleich die Unterscheidung von ›hoher‹ und ›niederer‹ Minne im Minnesang aufgenommen. Zur hohen

›Fraue‹ wahrt der Sänger Distanz, die reine hohe Liebe
kennt nur entsagungsvolle Verehrung. Aus diesem Ideal
entwickelt sich die Spannung der Novelle. Der Taugenichts dient der hohen Frau und folgt ihren Spuren, nä-
hert sich ihr aber erst am Schluß seiner Wanderschaft.

14,23 *listigen:* wissenden.

15,7 *Zollhäuschen:* Die kleinen Staaten in Deutschland erhoben bis zur Vereinbarung einer Zollunion an ihren
Grenzen Wegezölle. In dem beschriebenen Zollhäuschen
wohnte der »Einnehmer«, der nach Eichendorffs Darstellung ein recht bequemes Leben führen konnte (vgl.
16,9–14). Die Zollgrenze ist offenbar aufgehoben, das
Amt ohne wirkliche Funktion.

15,19f. *hineinparlierte:* von frz. *parler:* ›sprechen‹.

15,29 *Meriten:* Verdienste.

16,4–11 *Schlafrock / Pantoffeln / Schlafmütze / Tabak:*
Kennzeichen des Philisters, den Brentano in einer 1811
publizierten Philistersatire satirisch beschrieben hatte
(vgl. S. 38–40 des vorliegenden Bandes.)

16,8 *kommode:* bequem.

16,27–29 *Kartoffeln / Gemüse / Blumen:* Gegen die Aus-
beutung der Natur im Sinne der aufklärerischen und uti-
litaristischen Haltung setzt der Taugenichts das Ideal der
zweckfreien Schönheit. Er macht damit deutlich, daß ihm
die mit der Einnehmerstelle verbundene Philister-Hal-
tung zuwider ist. Den Bürgern gilt er deshalb als »verrückt« (17,34). Sein Nachfolger nimmt den Rat des Portiers an und pflanzt Kartoffeln (95,16–18).

17,16f. *Hörner / Jäger:* Im Wald herumschweifende Jä-
ger(innen) und einzelne Schüsse signalisieren in der Dichtung Eichendorffs eine geheimnisvoll-irrationale Welt
von Ahnung und Verlockung. Das Waldhorn galt den
Romantikern als Instrument des tiefen Gefühls, der
Seele. Daß diese poetisierte Jägerei, die Eichendorff in
vielen Liedern verherrlicht (vgl. das bekannte Gedicht
Der Jäger Abschied), mit der tatsächlichen Jagdpraxis
wenig zu tun hat, macht Eichendorff in seinem Gedicht

Jäger-Katechismus deutlich. Die Jagd seiner Gedichte gilt meist dem Liebchen, das oft mit dem Bild des Rehs gemeint ist. – Der Portier, der im *Taugenichts* den Standpunkt des Erzphilisters vertritt, sieht die Jägerei unter dem Aspekt der Nützlichkeit und Bequemlichkeit; er fürchtet die »ewig nassen Füße« und den Schnupfen. Der Taugenichts verachtet ihn deswegen, und es kommt zu einem Bruch zwischen dem Philister und dem »poetischen Menschen«.

18,11 *Jagdhabit:* Jagdkleid.

18,14 f. *in den alten Büchern . . . von der schönen Magelone:* Ludwig Tieck hatte in seiner *Phantasus*-Sammlung dieses »Volksbuch« unter dem Titel *Liebesgeschichte der schönen Magelone und des Grafen Peter von Provence* veröffentlicht.

18,30 *die Augen tief niedergeschlagen:* In der Körpersprache eine Demutsgeste, die in Eichendorffs Werk für viele positiv besetzte Frauengestalten charakteristisch ist. Während die überlegenen, dämonisierten Frauen die Männer mit ihrem Blick in ihren Bann ziehen und verzaubern (wie die Loreley), schlagen die sittsamen Bürgersfrauen und -mädchen ihre Augen nieder (vgl. 34,5 f. und 96,15 f.). Die Helden in Eichendorffs Dichtung entscheiden sich zum Schluß stets für den devoten, schamhaften Frauentyp.

19,7 *vom Transport bis zum Latus:* Eichendorff verwendet die Fachausdrücke der zeitgenössischen Buchhalter. »Transport« wird heute als »Übertrag« bezeichnet, »Latus« ist die Endsumme einer Seite.

19,23 *Parasol:* (frz.) Sonnenschirm.

19,30 *Extrapost:* besondere Schnellverbindung des Postkutschendienstes.

20,2 *Postillon / Posthorn:* romantische Bilder des Fernwehs, das die Sehnsucht nach dem unbürgerlichen Wanderleben anzeigt (vgl. Eichendorffs Gedicht *Sehnsucht* »Es schienen so golden die Sterne«). Für den Taugenichts ist ein Wechsel von Fern- und Heimweh kennzeichnend.

Das Motiv findet sich bereits im ersten Entwurf (vgl. S. 47).

20,30 *kurios:* interessiert, neugierig.

21,16 f. *nicht dahinter bleiben in der Galanterie:* nicht nachstehen in der Höflichkeit.

21,17 *Kapriolen:* Bockssprünge (vgl. DWB 2, Sp. 606).

23,10 f. *warmen Ofen ... Glas Wein:* Der Taugenichts ist in Gefahr, sich mit den Genüssen eines bescheidenen Philisterlebens zufrieden zu geben. Vgl. Brentanos satirische Beschreibung des Philisters (S. 38–40 im vorliegenden Band).

23,14 *überall eben zu spät gekommen:* Als Zu-spät-Kommenden sieht Eichendorff sich selbst in seinen autobiographischen Fragmenten: »um ein Haar wäre ich zur glücklichen Stunde geboren worden, ich kam grade nur um anderthalb Minuten zu spät«, heißt es in dem *Kapitel von meiner Geburt* (W 5, S. 352). Bei der weiteren Verarbeitung dieses Textes versucht Eichendorff, sein Leben nach dem Muster von Ludwig Uhlands Gedicht *Unstern* darzustellen, das beginnt:

> Unstern, diesem guten Jungen,
> Hat es seltsam sich geschickt:
> Manches wär ihm fast gelungen,
> Manches wär ihm schier geglückt.
> Alle Glückesstern im Bunde
> Hätten weihend ihm gelacht,
> Wenn die Mutter eine Stunde
> Früher ihn zur Welt gebracht.

> (Ludwig Uhland, *Werke*,
> Bd. 1: *Sämtliche Gedichte*,
> hrsg. von Walter Scheffler,
> München 1980, S. 180 f.)

Eichendorff selbst wurde von einigen Kritikern als zuspätgeborener Romantiker gesehen. So schreibt Karl Gutzkow 1835 in einer Rezension des Romans *Dichter und ihre Gesellen*: »Eichendorff hat nur den Fehler, daß er zu spät kömmt« (W 1, S. 76). Tatsächlich erschien dieser Roman mehr als eine Generationsspanne nach den großen Künstlerromanen der Frühromantik. Eichendorff nahm die Bezeichnung als »letzter Ritter der Romantik« jedoch als Lob und identifiziert sich auch hier mit seinem Helden, der sein Ziel trotz aller verpaßter Gelegenheiten und Ungeschicklichkeiten am Ende der Erzählung schließlich auch erreicht.

24,8f. *Flechsen am Halse ordentlich aufgeschwollen:* Flechsen sind eigentlich Sehnen; es sind jedoch meist die Adern, die am Halse bei Zorn anschwellen, wie hier beschrieben.

24,22 *Reputation:* (lat.) Ruf, Ansehen.

25,14 *gnädige Frau ... wie eine Lilie:* vgl. Anm. zu 13,7 bis 12.

25,17 *Blick ... verwenden:* Blick abwenden.

27,12 *Unser Reich ist nicht von dieser Welt!:* Eichendorff überträgt den Ausspruch von Jesus (Joh. 18,36) auf das Reich der Musik. Die Wertschätzung der Musik als ursprüngliche Seelenkunst, die den Menschen zum Göttlichen erhebt, geht auf die Frühromantik zurück (vgl. die von Ludwig Tieck und Wilhelm Heinrich Wackenroder gemeinsam verfaßten *Phantasien über die Kunst* von 1799).

27,18f. *ein Vogel, der aus seinem Käfig ausreißt:* Das Bild hat emblematischen Charakter. Der gefangene Vogel wird mit dem Menschen verglichen und ist in der barocken Emblematik ein Bild für die im Irdischen gefangene Seele (ähnlich 91,27–29 und 94,10).

27,22 *Den lieben Gott nur laß ich walten:* Geringfügig veränderte Strophe aus dem bereits im vorigen Kapitel gesungenen Lied (s. 6,18–21).

27,27f. *jubilierten unzählige Lerchen:* vgl. Anm. zu 7,16.

27,30 *gen Italien:* Die Italiensehnsucht war schon in der Generation von Goethes Vater charakteristisch für die Deutschen, die sich an der klassischen Kunst bilden wollten und zugleich die leichtere Lebensart der Mittelmeervölker bewunderten. Für die Romantik ist die Mignon-Figur aus Goethes *Wilhelm Meisters Lehrjahre* mit dem Lied: »Kennst du das Land, wo die Zitronen blühen« Vorbild für eine unbestimmte Italiensehnsucht, die auch eine neue Harmonie mit der Natur verheißt. In Rom fand Goethe eine deutsche Maler-Kolonie vor, und die von der Romantik inspirierte Schule der Nazarener, zu denen auch Eichendorffs Wiener Freund Philipp Veit (Sohn Dorothea Schlegels) zählt, pilgerte ebenfalls nach Rom und nahm italienische Maler zum Vorbild (vgl. S. 39). Für Eichendorff war Italien zugleich das Land der christlich inspirierten Kunst (Dante, Petrarca); in seiner Satire *Viel Lärmen um Nichts* flieht die Göttin der Dichtkunst nach Italien, weil in Deutschland nach der Auffassung des Dichters kein Raum mehr ist für eine anspruchsvolle, christlich fundierte Kunst. Die römischen Ruinen – Ziel der herkömmlichen Bildungsreisen der Deutschen im 19. und 20. Jahrhundert – sieht Eichendorff als Relikte einer gefährlichen, weil heidnischen Tradition. So geht die Versuchung des Helden Florio in der Erzählung *Das Marmorbild* von den Resten eines römischen Tempels aus, in denen die heidnische Venus in jährlichem Turnus wieder erwacht. Der Aufbruch nach Italien bedeutet deshalb bei Eichendorff Hoffnung und Gefahr zugleich. In dem Roman *Dichter und ihre Gesellen* wird die Reise nach Italien für den unreifen Dichter Otto zum Verhängnis. Er erliegt den Verlockungen dieser von Sinnlichkeit geprägten Welt und findet keinen Halt.

28,13 *spanischen Rohr:* Spazierstock aus Bambus.

28,20f. *Pomeranzen:* Zitrusfrüchte, die nur in den Mittelmeerländern gedeihen.

28,22 *Konduite:* Benehmen.

28,32–34 *Italien ist ein schönes Land, da … wachsen einem die Rosinen ins Maul:* Wegen der klimatischen Vorzüge galt das Land schon zu Eichendorffs Zeit bei den Philistern als ideales Reiseland. Auch Vorurteile gegen die ›faulen Südländer‹ gab es schon.

28,35 *Tarantel:* Menschen, die von der Tarantel (einer Raubspinne) gebissen wurden, sollen der Volksüberlieferung nach durch Tanzen geheilt worden sein. Die Bezeichnung für den süditalienischen Tanz Tarantella leitet sich davon ab.

29,22–35 *Da träumte mir ... ihr Bild in dem stillen Weiher:* Das an die Geschichte von Narziß erinnernde Spiegelbild-Motiv verbindet Eichendorff sonst mit dem Venus-Motiv (z. B. in der Erzählung *Das Marmorbild*). Es steht für die Gefahr des Sich-Verlierens in der Liebe, der auch der Taugenichts bei der Verehrung der »schönen Fraue« ausgesetzt ist.

30,17 *Kamisol:* Weste.

30,19 *Poperenzen:* Verballhornung von ›Pomeranzen‹, die an ›Popanz‹ anklingt.

30,28 *Knollfink:* plumper, grober Mensch (gängiges Schimpfwort).

31,10f. *Der Holzweg ... hörte auf:* Die übertragene Bedeutung des Wortes ergibt sich daraus, daß die Wege zur Holzabfuhr tatsächlich keine Orte verbinden, sondern irgendwo im Walde beginnen (bzw. enden).

31,14–16 *die Wipfel der Bäume rauschten ... Ich befahl mich daher Gottes Führung:* In den Geräuschen der Natur – besonders im »ewigen einsamen Rauschen der Wälder« (32,9f.) – tut sich nach Eichendorffs Auffassung eine Urzeit kund, in der Mensch und Natur noch in Harmonie verbunden waren und Gott nahe standen. Der moderne Mensch kann nur auf dem Wege über die Religion wieder zu diesem paradiesischen Zustand zurückfinden und die geheimnisvolle »Sprache« der Natur wieder verstehen lernen. Die Suche nach diesem ›verlorenen Paradies‹ gehört zu den Ideen, die sich bei allen romantischen Dichtern finden.

31,31 *Schalmei:* Hirtenflöte.

31,34 *attent:* aufmerksam.

32,22 *Ländler:* einfacher Volkstanz, der ursprünglich von den Landbewohnern getanzt wurde.

32,35 *Schleifer:* eigtl. eine musikalische Verzierung; hier zugleich als Bezeichnung des Tanzes (von »schleifen«) gemeint (ähnlich 101,3).

33,5 *kapriolten:* vgl. Anm. zu 21,17.

33,14 *Stampe:* »in Schlesien kleines trinkglas mit dickem fusz, der kräftiges aufstampfen verträgt« (DWB 17, Sp. 675).

34,13 *Kopftremulenzen:* Das Tremolo (Tonschwankungen) des Gesangs wird durch Zittern der Stimme hervorgerufen. Bei der Geige wird ein ähnlicher Vibrato-Effekt durch Handschwingungen erreicht. Es ist deshalb unsinnig, wenn der Taugenichts seine Grimassen hier mit dem Virtuosentum in Verbindung bringt und die Kritikerin mit einem falschen Spezialausdruck abspeist, der als »Kopfzittern« zu übersetzen wäre.

34,18 *ausgeschoßner Ladstock:* Mit dem Ladstock (aus Holz oder Metall) wurde die Munition bei Vorderladern in den Lauf der Feuerwaffe eingeführt. Eine vorzeitige Explosion des Pulvers bei unsachgemäßem Hantieren konnte dazu führen, daß der Stock herausgeschossen wurde.

34,21 *Mädchen ... wie ein Reh:* ein Vergleich, der in Eichendorffs Gedichten häufiger vorkommt und aus der Volksliedtradition stammt.

34,28 f. *übern Kochlöffel balbiert:* im übertragenen Sinne ›betrogen‹. Das Folgende ist jedoch nicht zu verstehen, wenn die wörtliche Bedeutung nicht mehr geläufig ist: Der Löffel wurde dem Kunden bei der Rasur in den Mund gesteckt, um die bei fehlenden Zähnen häufig eingesunkenen Backen besser rasieren zu können. So kommt es dazu, daß der Löffel »morsch entzwei gebissen« wird (34,30).

34,32 *hundsvöttische:* »Hundsfott« ist ein seit dem 16. Jahrhundert belegtes Schimpfwort »für einen verächtlichen, vorzüglich feigen menschen«; »hundsvöttisch« ist »einem hundsfott gemäsz, erbärmlich« (DWB 10, Sp. 1934 f.).

35,3f. *durch die Fistel:* mit Fistelstimme (hoher Kopf-
stimme).

35,6 *Feldscher:* der beim Militär tätige Frisör (Feldscherer),
der meist auch als Wundarzt fungierte. – Der Auftritt des
exaltierten Frisörs erinnert an den gespenstischen Barbier
in E.T.A. Hoffmanns *Die Elixiere des Teufels*.

35,11 *ambrasieren:* vermutlich Wortspiel Eichendorffs aus
frz. *embrasser* ›umarmen‹ und ›abrasieren‹.

35,17–20 *ich konnte da mein Glück machen ... als säh' ich
den Portier:* Es ist wieder das Philisterglück, das für den
Taugenichts hier zur Versuchung wird. Sogleich fällt ihm
daher der Portier ein, das Urbild des Philisters, mit dem
er sich zunächst anfreundet (vgl. 16,29–32), dann zer-
streitet (vgl. 17,30–32), um am Schluß seine Nichte zu
heiraten: »daß er unser Onkel ist! ich habe immer große
Stücke auf ihn gehalten«, behauptet er zum Schluß
(103,20f.).

35,21–23 *jung gefreit / nähre Dich tüchtig:* Die »philoso-
phischen Gedanken« des philiströsen Portiers sind Ge-
meinplätze, die noch heute geläufige Sprichwörter bilden
(vgl. Anm. zu 10,23–26).

36,16 *martialischen:* kriegerischen.

37,10 *Räson:* Vernunft.

38,9f. *Lerche ... Da wurde mir auf einmal ganz klar im
Herzen:* vgl. Anm. zu 7,16.

38,18 *Schnapphahn:* Strauchdieb, Wegelagerer.

39,1f. *Du vazierst / Vakanz:* Du hast keine Stellung, bist
frei von Dienstpflichten. Das Wort *vazieren* ist verwandt
mit *Vakanz,* das als Bezeichnung für ›Ferien‹ zu Eichendorffs Zeit üblich war, aber zugleich eine freie Stelle bezeichnet. Auf dieser Doppelbedeutung beruht das Wortspiel.

39,8f. *Der Herr ... den andern Herrn und walzte mit ihm:*
Zur Identität des seltsamen Paares vgl. S. 99f.

39,13f. *Uhr ... repetieren:* Eine Repetieruhr, wie sie der
eine Maler herauszieht, ist »eine Schlaguhr, welche nicht
nur die Stunde schlägt, zu welcher Zeit man will, sondern

welche auch noch die Viertelstunden schlägt« (Adelung
III, Sp. 1089). Auf Knopfdruck »repetiert« die Uhr die
Zeit durch Schlagen.

39,25 *Maler:* Zur Italien-Affinität der Maler vgl. Anm. zu
27,30.

39,30 *altdeutsche Mode:* Mit der (aus Bildern Dürers ge-
wonnenen) Tracht signalisierte man in den Zeiten der
Napoleonischen Kriege und der nachfolgenden Restau-
ration deutsches Nationalbewußtsein. Deshalb wurde
die Tracht in Bayern (1815) und Preußen (1820) verbo-
ten.

40,22 *Come é bello!:* (ital.) Wie schön er ist!

42,27 *Filet:* feines, netzartiges Gewebe.

43,2 *Welschland:* Bezeichnung für das Land jenseits der Alpen, Italien.

43,2 *Lombardei:* Oberitalienische Landschaft. Nach dem
Zusammenbruch der napoleonischen Herrschaft wurde
ein Lombardisch-Venetianisches Reich gebildet, das Teil
der österreichischen Monarchie wurde.

43,11 f. *Da sah es ziemlich lüderlich aus:* Eichendorff hat ita-
lienischen Boden nie betreten und übernimmt hier die
Vorurteile der Deutschen gegen die Nachlässigkeit der
Südländer.

43,20–22 *die kuriosen Leute . . . mit Mausefallen und Baro-
metern und Bildern:* Anspielung auf die zahlreichen reisenden Händler aus dem Habsburgischen Herrschaftsbe-
reich, die oft mit exotischen Artikeln handelten. Eichendorff spielt vermutlich zugleich auf literarische Vorbilder
an: Den Maler-Händler in Brentanos *Die mehreren Weh-
müller* und den Barometer-Händler in E. T. A. Hoffmanns *Der Sandmann.*

44,2 *Servitore:* (ital.) Diener.

44,3 *arriware:* ital. *arrivare* ›ankommen‹.

44,5 *»Parlez vous françois?«:* fälschlich für *Parlez-vous
français? ›*Sprechen Sie französisch?‹

44,23 *passatim:* vermutlich verballhornt aus einem Wort der
Studentensprache: »Gassatim gehen« bedeutete »durch

die Gassen streifen, herumstreunen«. In diesem Sinne
kommt es auch in Hans Jakob Christoffel von Grimmels-
hausens *Simplicissimus* vor, einem Werk, das die Romantiker sehr schätzten.

45,25 *Hoppevogel:* der Wiedehopf oder Hopfennachtvogel.
– Diese Strophe nahm Eichendorff nicht in seine Gedichtsammlung auf.

46,25 *den bucklichten Signor:* Zur Identität vgl. 100,13 f.

48,7 *Si, Si, Signore!:* (ital.) Ja, ja, mein Herr!

50,11 *Schnipper:* Stirnläppchen an der Haube.

50,17 *Kratzfüße:* Kratzfuß: »das auskratzen mit dem linken
fusze bei der altväterischen reverenz, dann diese selbst«
(DWB 11, Sp. 2080); vgl. Anm. zu 7,9.

50,21 *Bagage:* Gepäck.

50,23 *Schoppen:* mundartl. für Schuppen.

51,19 *poverino:* (ital.) Ärmster.

51,36 *felicissima notte!:* (ital.) recht gute Nacht!

52,11 f. *als wenn man in Milch und Honig schwämme:* So
tut man – sprichwörtlich – im erträumten, gelobten Land
(nach 2. Mose 3,8).

52,26 f. *Stübchen . . . recht heimlich:* vgl. Anm. zu 7,25.

53,17–22 *die künstlichen Figuren von Buchsbaum . . . zer-
brochene Statuen:* Kennzeichen eines (verwilderten) Gar-
tens nach der barocken, französischen Tradition. Eichendorff kritisierte das Gekünstelte dieses Gartenstils, den er
(wie Zopf und Perücke) für überlebt hielt. Vgl. sein Gedicht *Prinz Rokoko* und die Darstellung in dem Essay
Der Adel und die Revolution, in dem es heißt:
»[. . .] diese Paradegärten [. . .] sollten eben nur eine Fortsetzung und Erweiterung des Konversations-Salons vorstellen. Daher mußte die zudringlich störende Natur
durch hohe Laubwände und Bogengänge in einer gewissen ehrerbietigen Form gehalten werden [. . .]. Überdies
war das Ganze im Grunde nichts weniger als national,
sondern nur eine Nachahmung der Versailler Garten-
pracht; [. . .]. Und so erblicken wir denn hier [. . .] die Py-
ramiden und abgeschmackten Tiergestalten von Buchs-

baum, die vielen schlechten [...] Götterbilder [...].«
(W 5, S. 399 f.)

53,34 *Kaputrock:* langer Rock (Mantel) mit Kapuze.

54,23 *Kadenzen:* vom Instrumentalisten selbst frei und
meist virtuos ausgestaltete Passagen in Konzertstücken.

55,23 *»Tischchen deck' Dich!«:* Anspielung auf das Grimm-
sche Märchen.

55,30 *zur Vakanz:* auf Ferien (vgl. Anm. zu 39,1 f.).

56,14 f. *von einem wandernden Handwerksburschen ge-
lernt:* Auf die Tradition der wandernden Handwerksburschen hatte Arnim in seinem Aufsatz *Von Volksliedern*
besonders hingewiesen (vgl. S. 34 f.).

57,11 *Päonie:* Die (rote) Pfingstrose gehörte zu Eichendorffs Lieblingsblumen; vgl. das Gedicht *Der alte Garten:* »Kaiserkron' und Päonien rot, / Die müssen verzau-
bert sein« (W 1, S. 402).

58,34 *Basilisk:* in der antiken Mythologie ein großes,
schlangenartiges Ungeheuer, dessen Blick tödlich ist.

61,31 f. *Idio ... cuore ... amore ... furore:* (ital.) Gott,
Herz, Liebe, Raserei.

62,31–63,1 *da dachte ich mir Rom wie die ziehenden Wolken über mir, mit ... goldnen Toren und hohen glänzen-
den Türmen:* Oskar Seidlin entwickelt seine Interpretation des *Taugenichts* an den Rom-Phantasien dieses Kapi-
teleingangs:

»Der Name der Stadt wird dreimal wiederholt, [...].
Aber wenn der Dichter es auch dreimal sagt, können wir
ihm glauben? Offenkundig irrt er sich in der Geographie.
[...] Jenseits aller Koordinaten des Irdischen erscheint
nun die Ansicht von Rom, oder wenigstens die Ansicht
einer Stadt, ein Profil, dem wir Stadt-Charakter nicht ab-
sprechen können: Tore und Türme. Im Bereich »jenseits«
von Raum und Zeit wird nun wirklich eine Stadt sichtbar,
und wir brauchen den Satz nur zu Ende zu lesen, um uns
klar darüber zu werden, welche Stadt es ist. Nicht Rom
– und darum wird dieser Name in unserem Text nicht
mehr erscheinen –, sondern die Gottesstadt mit ihren

Einwohnern, den Engeln, die Stadt der Städte, die Stadt
schlechthin, des Menschen Heim-Statt, erlebt auf heimat-
lichem Grunde, am Sonntag, dem Gottestag, wenn aller
Lärm der Welt gestillt ist und wir allein sind mit den Bildern unserer Seele. Der Weg führt nach innen, rück-
wärts; denn dort, innen, rück-wärts, steht Rom, steht das,
was der Dichter mit einem nur vorläufigen Namen Rom
nannte.« (Seidlin, 1965, S. 15, 19.)

63,18 *eine uralte Stadt und die Frau Venus:* Eichendorff
spielt hier auf den im *Marmorbild* verarbeiteten Sagen-
komplex vom Tannhäuser an, den er aus Ludwig Tiecks
Bearbeitung kannte. In der »großen einsamen Heide« vor
den Toren Roms lokalisiert er nun das »verfallene Ge-
mäuer«, aus dem »die alten Heiden zuweilen noch aus ihren Gräbern heraufsteigen«. Venus ist die römisch-heid-
nische Göttin der Schönheit, die in Eichendorffs Erzählung *Das Marmorbild* von der christlichen Maria abgelöst
wird. Darin stellt Eichendorff die Überwindung des Hei-
dentums in zwei allegorischen Gedichten dar, die er später unter dem Titel *Götterdämmerung* veröffentlichte:

> Da will sich's unten rühren,
> Im stillen Göttergrab,
> Der Mensch kann's schauernd spüren
> Tief in die Brust hinab.
>
> [...]
>
> Frau Venus hört das Locken,
> Der Vögel heitern Chor,
> Und richtet froh erschrocken
> Aus Blumen sich empor.
>
> [...]
>
> Doch öd sind nun die Stellen
> Stumm liegt ihr Säulenhaus,
>
> [...]

Sie selbst muß sinnend stehen
So bleich im Frühlingsschein,
Die Augen untergehen,
Der schöne Leib wird Stein. –

Denn über Land und Wogen
Erscheint, so still und mild,
Hoch auf dem Regenbogen
Ein andres Frauenbild.

Ein Kindlein auf den Armen
Die Wunderbare hält,
Und himmlisches Erbarmen
Durchdringt die ganze Welt.

(W 1, S. 230f.)

64,11 *die schöne alte Zeit:* Der Schlüsselbegriff Eichendorffs bezeichnet in der Regel eine zurückliegende »goldene Zeit«, die als eine paradiesische »Ur-Zeit« vor der geschichtlichen Zeit liegt. Hier ist der Begriff primär auf die persönliche Frühzeit, die im Rückblick paradiesisch erscheinende Kindheit des Taugenichts angewandt. Beides, Individuelles und Geschichtliches, gehört in der Sicht der Romantiker eng zusammen: Die persönliche Kindheit ist ein Abglanz jener Kindheit der Menschheit. Nur das Kind hat nach Auffassung der Romantiker den unmittelbaren, träumerischen, nicht von Reflexion gestörten Zugang zur Welt, der charakteristisch ist für die sagenhafte »schöne alte Zeit«.

65,15–18 *von himmelblauen Blumen, ... wo Quellen rauschten ... und bunte Vögel wunderbar sangen:* Kennzeichen des »locus amoenus« (»schönen Orts«), eines Topos, der seit der Antike mit den Gefilden Arkadiens in Verbindung gebracht wird (vgl. Anm. zu 97,25–31).

66,12 *Wenn ich ein Vöglein wär':* Eichendorff variiert die erste Strophe des bekannten *Wunderhorn*-Lieds *Wenn ich ein Vöglein wär.* Die Bearbeiter hatten den Text – wie sie im Untertitel angeben – aus Herders *Stimmen der Völker in Liedern* gewonnen. Der Text war demnach schon vor dem *Wunderhorn* geläufiges Volkslied.

67,3 *abkonterfeien:* porträtieren.

68,12 *künstlich:* sehr kunstvoll, mit großer Kunstfertigkeit.

68,13–20 *die heilige Jungfrau ... deinen Kopf aufsetzen:* Die Darstellung von Christi Geburt gehörte zu den beliebtesten Themen der Nazarener, die ihre Bezeichnung aus dem Geburtsort Christi ableiten. Auch das Verfahren, Porträts von befreundeten Zeitgenossen in die Darstellung einzubringen, ist ein geläufiges Verfahren, das allerdings auch die Maler früherer Epochen häufig anwandten. Eichendorff spielt vermutlich an auf den ehrfürchtigen »Bericht von der Entstehung des Bildnisses der Lisa del Giocondo« in den *Herzensergießungen eines kunstliebenden Klosterbruders* (1797) von Wilhelm Heinrich Wackenroder und Ludwig Tieck.

69,7 *Butterstolle:* Butterstulle, mit Butter bestrichene Brotscheibe.

69,12f. *Leonhardo da Vinci und Guido Reni:* italienische Maler, die zu den Vorbildern der Nazarener gehörten. – Der Kanon der von den Dichtern der Romantik (und später auch von den Nazarenern) verehrten Maler wurde schon in Wackenroders und Tiecks *Herzensergießungen eines kunstliebenden Klosterbruders* und *Phantasien über die Kunst* (1799) entworfen. Dort werden neben Leonhardo da Vinci (1452–1519) und Guido Reni (1575–1642) auch Raffael und Albrecht Dürer genannt.

71,32 *Gebauer:* Vogelbauer.

71,35 *furfante:* (ital.) Spitzbube.

72,20f. *Dort saßen in einer ... Laube zwei schöne Frauen:* Die folgende Darstellung nimmt Bezug auf E.T.A. Hoffmanns Erzählung *Die Fermate* (1816), in der ein Bild Johann Erdmann Hummels beschrieben wird. Das Bild selbst, betitelt »Die Gesellschaft in einer italienischen Locanda« (»Die Fermate«), war, wie Hoffmann und Eichendorff im Text angeben (vgl. 73,13f.), im Herbst 1814 auf der Berliner Kunstausstellung zu sehen. Aus dem Text ist erkennbar, daß Eichendorff das zugrundeliegende Bild nicht kannte. Seine Darstellung geht ausschließlich auf Hoffmanns Gemäldebeschreibung zurück, die zuerst in Fouqués *Frauentaschenbuch für 1816* erschien, in dem Eichendorff selbst Gedichte veröffentlicht hatte. *Fermate* bedeutet im Italienischen ›Haltepunkt‹, in der musikalischen Fachsprache wird eine Note, deren Länge vom Interpreten bestimmt wird, so bezeichnet.

72,30f. *Flechsen am Halse:* vgl. Anm. zu 24,8f.

73,9f. *das sinnreiche Tableau:* Tableau ist die Bezeichnung für ein Bild, steht jedoch auch für *tableau vivant* ›lebendes Bild‹. Das Nachstellen von Gemälden durch lebende Personen war ein beliebtes Gesellschaftsspiel im 18. und 19. Jahrhundert. Insofern kann der Taugenichts tatsächlich *in* ein solches Bild geraten. Der Arrangeur des Bildes ist darüber böse, weil das mühevoll gestellte Tableau tatsächlich lebendig und damit zerstört wird (vgl. 74,35f.).

73,11 *der selige Hoffmann:* E.T.A. Hoffmann (geb. 1776) war am 25. Juni 1822 in Berlin gestorben.

73,19 *kritische Seele:* Die »kalte Kritikluft« (Achim von Arnim mit Bezug auf die Brüder Schlegel) der Kunst- und Literaturkritik war den Vertretern der Heidelberger Romantik (unter Einschluß Eichendorffs) suspekt.

73,20 *Silberblick:* ursprünglich ein Fachausdruck der Silberherstellung, dann volkstümliche Bezeichnung für einen leicht schielenden Blick. Hier vermutlich auch als Seitenblick auf das Silber (Geld) gemeint.

73,23 *Pinsels:* doppeldeutig: Malerpinsel und Einfaltspinsel (einfältiger Mensch).

73,23 *Duca:* (ital.) Herzog. Zugleich klingt »Dukat« (Geldstück) an.

75,10 *deliziöser:* köstlicher.

75,12 *Divertissement:* Unterhaltung.

78,5 *Moral unstreitig die erste Bürgerpflicht:* Anspielung auf die Formel von der Ruhe als erste Bürgerpflicht, die auf einen preußischen Erlaß aus dem Jahre 1806 zurück-geht.

78,21 *Wir Genies:* Eichendorff hatte ein kritisches Verhält-nis zum Geniekult, der Ende des 18. Jahrhunderts aufge-kommen war. Für ihn war die Verehrung des Genies eine Form von Hybris (gotteslästerlicher Selbstüberhebung und -überschätzung), die er auch als »Subjektivismus« bezeichnet. Über Clemens Brentano und seine Schwe-ster Bettine schrieb er in *Brentano und seine Märchen* (1847):

»Jeder Dichter [...] hat zwar, oder soll doch sein beschei-den Teil Genie haben: aber Brentano hatte dessen unbe-scheiden viel [...]. Wir [...] möchten [...] diesen Veits-tanz des freiheitstrunkenen Subjekts kurzweg das Dämo-nische nennen, womit eine unerhört verschwenderische Fee beide Geschwister, Bettina wie Clemens, an der Wiege fast völlig gleich bedacht hatte.

Bettina jubelt noch bis heute eigensinnig fort in ihrer Eigenmacht, während Clemens, jene Eigenmacht viel-mehr als eine falsche Fremdherrschaft erkennend, mit dem Phantom gerungen bis an sein Ende.« (W 6, S. 281 f.)

Auch der Maler hat etwas Dämonisches an sich (vgl. 79,5 bis 8); dem Taugenichts graut vor ihm (79,9 f.); er selbst möchte nicht als »vazierendes Genie« (78,16 f.) angesehen werden.

80,15 *Pike:* Pik, Pick, Piek: »heimlicher, auf vergeltung aus-gehender groll« (DWB 13, Sp. 1846).

80,28 f. *Faulbettchen:* Ruhebett zum Faulenzen (Sofa).

81,21–23 *als ich recht hinsah und ... eine ganz fremde Per-son erblickte:* Der Taugenichts ist ein Opfer seiner »Pro-jektionen« geworden. In seiner Verliebtheit projiziert er das erträumte Idealbild aus der Erinnerung auf sein Ge-genüber und bemerkt erst sehr spät, daß es eine ganz an-dere Person ist.

82,17 f. *mitsamt deiner tollen Amour:* Amour kann für

›Liebe‹ oder ›Geliebte‹ stehen, und der Taugenichts begreift noch immer nicht, daß seine Geliebte mit der Gräfin nicht identisch ist.

82,25 *desperate:* verzweifelte.

83,20 *Stephansturm:* Turm der zentralen Kirche in Wien (Stephansdom).

83,31 *Dreistutzer:* Dreispitz, ein Hut mit drei »Ekken«.

84,1 *Waldhorn:* galt in der Romantik (seit Ludwig Tiecks Roman *Sternbalds Wanderungen*) als Instrument der Seele, das die ›romantische Sehnsucht‹ zum Ausdruck bringt. Tieck selbst, der »König der Romantik« (Friedrich Hebbel) wurde mit diesem Instrument verglichen.

84,1 *akkompagnierten mich:* begleiteten mich (musikalisch).

84,9 *reisender Engländer:* Im 19. Jahrhundert durchreisten viele Engländer Europa. Der Typ des mit einem grob karierten Anzug versehenen, neugierig-naiven Reisenden, der mit Botanisiertrommel oder Skizzenbuch berühmte Landschaften oder Persönlichkeiten aufsucht, wurde sogar zur Lustspielfigur.

84,11 *Viatikum:* Reisegeld.

84,20f. *Herrschaft ... zu Mittag speist:* Die Szene mit der Tischmusik der Prager Studenten spielt auf einen Text Karl Immermanns an (*Bruchstück aus einem Roman* [Vorabdruck aus *Die Epigonen* in der Zeitschrift *Gesellschafter*, April 1825]).

84,25 *Kollation:* kleiner Imbiß.

85,3 *Drei-Männer-Wein:* In Grimms Wörterbuch heißt es dazu: »schlechter, untrinkbarer wein. man sagt wer ihn trinken solle, müsse von einem andern gehalten werden, und ein dritter müsse ihn eingieszen [...]. der volksscherz ist durch ›dreimänner‹ für ›traminer‹ [eine Rebsorte] entstanden« (DWB 2, Sp. 1389).

85,22f. *point d'honneur:* (frz.) ›Punkt der Ehre‹; hier: Bewußtsein ständischer Ehre, Standesbewußtsein.

85,23f. *odi profanum vulgus et arceo:* (lat.) Ich hasse den

Pöbel und distanziere mich von ihm. – Zitat aus den *Oden* des Horaz (3,1,1).

85,28 *Sermone:* Predigten.

85,29 *auf die Wissenschaften applizieren:* sich intensiv den Wissenschaften widmen. Dem heute noch in der Schneidersprache geläufigen Wort haftet etwas von übertriebener Anpassung an. Es sind in Eichendorffs Satiren die Opportunisten, die sich im Staatsdienst »applizieren«.

85,31 *Konfrater:* Mitbruder (in geistlichen Orden). Der Student studiert Theologie; deshalb hatte er auch von »Sermonen« (Predigten) gesprochen (85,28).

85,31f. *Clericus clericum non decimat:* (lat.) Ein Geistlicher zahlt keinem Geistlichen.

85,33 *im Karlsbade:* In dem böhmischen Kurort Karlsbad gaben sich die Adligen und Intellektuellen Europas während der Badesaison ein Stelldichein; Eichendorff reiste als Kind in den auch von Goethe frequentierten vornehmen Ort. Der Name verbindet sich seit 1819 auch mit den restaurativen »Karlsbader Beschlüssen«, die zum Verbot der Burschenschaften und scharfer Kontrolle der Universitäten führten (»Demagogenverfolgung«). Darauf spielt Eichendorffs Student hier sicher an. Bernhard Sinkel nimmt diese Textstelle zum Anlaß, um in seiner *Taugenichts*-Verfilmung Parallelen zur Studentenbewegung von 1968 herzustellen (vgl. S. 107–111).

85,34f. *distinguendum est inter et inter:* lat. Formel der Gelehrtensprache: Es gilt zu unterscheiden (differenzieren).

85,35f. *quod licet Jovi, non licet bovi:* lat. Sprichwort: Was Jupiter erlaubt ist, ist dem Ochsen nicht erlaubt.

86,9 *Aurora musis amica:* (lat.) Die Morgenröte ist eine Freundin der Musen.

86,14 *Kollegium:* hier: Bezeichnung für Universitäts-Lehrveranstaltungen und die Gebäude, in denen sie stattfinden.

86,19 *perfektionieren:* vervollkommnen.

87,14 *Kompendien repetieren:* Den Stoff der Kompendien (Lehrbücher) wiederholen.

87,15 f. *Bilderbuche, das der liebe Gott uns draußen aufge-schlagen hat:* Für Eichendorff ein wesentliches Bild, denn er meinte, daß sich in den Gesetzmäßigkeiten der Natur die christliche Lehre widerspiegelt. »Da steht im Wald ge-schrieben / Ein stilles, ernstes Wort« (*Abschied;* W 1, S. 346) ist seine Aufforderung, die sittlichen Gesetze aus den Bildern der Natur abzuleiten und den »rechten Weg« aus den Zeichen der Natur (der aufsteigenden Lerche oder Sonne z. B.) abzulesen.

87,30 f. *exerzierte sich eine schwierige Passage aus einer Messe ein:* Der Student übt an einer einer Messe, wie sie von Haydn, Mozart, Beethoven u. a. zum Text der katholi-schen Liturgie komponiert wurde.

88,5 *Kondiszipels:* Mitschüler.

88,11 f. *embrassierte:* umarmte.

88,14 *Postschiffe:* nach festen Fahrplänen auf der Donau verkehrende Boote, die wie Postkutschen auch Passagiere beförderten. Die Brüder Eichendorff hatten 1808 von Re-gensburg nach Wien ein Postschiff benutzt.

88,27 f. *auf einem prächtigen Engländer:* einem Pferd aus englischer Zucht (bzw. Rasse).

88,34 f. *unsere Kasse zusammengeschossen:* das Geld zusam-mengelegt.

89,31 *Brevier:* Stundengebetbuch der katholischen Geistli-chen, dann auch: kleines Gebetbüchlein.

90,11 *Wenn ich nur heute Flügel hätte:* vgl. Anm. zu 66,12.

90,18 *Ludi magister:* (lat.) Meister des [Geigen-]Spiels.

90,34 *Devotion:* Ehrerbietung.

91,4 *in Kondition komme:* in Stellung komme, eine Anstel-lung finde.

91,27–29 *ein Vogel, der … wenn er wieder in Freiheit ist:* vgl. Anm. zu 27,18 f.

91,31 *passatim:* vgl. Anm. zu 44,23.

93,1 *Nach Süden nun sich lenken:* Das Lied fand Eingang in das *Allgemeine Deutsche Commersbuch* der Studenten-verbindungen. Mit seiner Mischung von Deutsch und Latein entspricht es einem Typ von Liedern, der schon in der *Carmina burana* zu finden ist.

93,8 *Valet:* (lat.) Abschied.

93,11f. *Et habeat ... fornacem!:* (lat.) Es möge (guten) Frieden haben, wer hinter dem Ofen sitzt.

93,23f. *Venit ... homo!:* (lat.) Er kommt aus seinem Hause – glücklich jener Mann. – Möglicherweise eine Anspielung auf Horaz (*Epoden* 2,1ff.).

93,26 *Boreas:* kalter Nordwind der nordgriechischen Gebirge.

93,33–36 *Beatus ille ... bonam pacem!:* (lat.) Glücklich ist jener Mensch, der in seinem Hause sitzt und hinter dem Ofen sitzt und (guten) Frieden hat.

94,19 *rekommandiert:* empfohlen.

94,33 *die Wanduhr pickte:* Was wir heute lautmalend als »ticken« bezeichnen, wurde im 19. Jahrhundert häufig als »picken« umschrieben.

95,16–18 *Kartoffelkraut ... statt meiner Blumen:* vgl. Anm. zu 16,27–29.

97,1 *Wir bringen Dir den Jungfernkranz:* Eichendorff nennt selbst die Quelle des Lieds: Es ist das Chorlied der Brautjungfern in Carl Maria von Webers Oper *Der Freischütz.* Der Text aus der Oper, die 1821 in Berlin uraufgeführt wurde und schon zu Eichendorffs Lebzeiten populär war, ist hier leicht verändert.

97,26 *couragiösesten:* mutigsten.

97,25–31 *Liebe ... ein Poetenmantel, ... um nach Arkadien auszuwandern:* In einem großangelegten Bild beschreibt Leonhard, der selbst verliebt ist und mit der wirklichen Gräfin das zweite Paar des komödienartigen Schlußtableaus bildet, die Wirkung der Liebe. Wer verliebt ist, wird selbst zum Dichter, und die Trennung verstärkt noch die Bindung: der Poetenmantel entwickelt einen »kühnen und überraschenden Faltenwurf« (97,34f.) und reicht schließlich bis an den Tiber (bis nach Rom). Arkadien paßt streng genommen nicht in diese Topographie, denn es handelt sich um eine griechische Landschaft. Seit der Renaissance steht die Bezeichnung allerdings ganz allgemein für eine paradiesische Hirtenlandschaft; in diesem Sinn wählte Goethe für die Publikation seiner *Italienischen Reise* die bekannte Formel »Auch ich war in Arkadien« als Motto. Bei Eichendorff findet sie sich (mit ironischem Unterton) in einer satirischen Erzählung über das vorrevolutionäre Hambacher Fest.

100,1–3 *aber Du hast wohl noch keinen Roman gelesen? ... so hast du doch einen mitgespielt:* Die Wendung zeigt, daß die verwirrenden, oft von kaum glaubhaften Zufällen geprägten Handlungsabläufe der *Taugenichts*-Erzählung offensichtlich als Parodie zeitgenössischer Romane gedacht sind. 100,29–32 wird dies noch deutlicher. Elemente der Erzählung erinnern an den Bildungs- und Künstlerroman von Klassik und Romantik; die geheimnisvollen Liebesgeschichten mit Entführungen und komödienartiger Aufklärung (happy end für mehrere Paare) entsprechen jedoch zugleich dem Muster von Trivialromanen, die seit der *Geschichte des Fräuleins von Sternheim* (1771) der Sophie von La Roche in Deutschland zur Lektüre auch der Töchter der höheren Stände gehörten.

101,3 *Geschleife:* Tanzen (vgl. Anm. 32,35).

102,19–103,14 *Der Herr Gemahl von Ew. Gnaden ... unverhofften Neuigkeiten ... Ich bin gar keine Gräfin:* Erst jetzt wird dem Taugenichts klar, daß die verehrte Frau weder Gräfin noch verheiratet ist. Der Liebe stehen also weder Standesgrenzen noch eheliche Bindungen im Wege.

102,35–103,1 *das weiße Schlößchen ... geschenkt:* Bernhard Sinkel macht in seinem *Taugenichts*-Film aus diesem Geschenk eine Dampfmühle (Sinnbild der neuen, durch die Erfindung der Dampfmaschine geprägten Zeit). Damit wird die Einbindung des Taugenichts in die Gesellschaft noch drastischer gekennzeichnet. In Eichendorffs Text wird mindestens die *Gefahr* philiströser Verkümmerung durch die Ehe mit einer Nichte des Portiers – den er plötzlich wieder als Gesinnungsgenossen anerkennt (vgl. Anm. zu 103,20f.) – und die Bindung an den Ort (Geschenk des Schlosses) deutlich gemacht. Durch den Plan einer erneuten Italien-Reise (103,26) versucht der Taugenichts dieser Gefahr zu entgehen. – In Sinkels Film wird dieser Plan zu einem Fluchtversuch verändert, den Aurelie unter dem Beifall der Schloßgesellschaft verhindert.

103,20f. *ich habe immer große Stücke auf ihn gehalten:* Das Verhältnis zu dem Erzphilister, dem Portier, schwankt, und der Taugenichts hatte sich bei seinem ersten Aufbruch nach Italien brüsk von seinem ehemaligen Freund abgewandt (vgl. 16,29–32; 17,30–32, 25,6f. und 35,17 bis 19).

II. Titel und Gattungsbezeichnung

1. Der Begriff ›Taugenichts‹

Als »eine Person, welche zu nichts taugt, zu nichts brauchbar ist«, definiert ein Lexikon 1801 (Adelung IV, Sp. 545) einen Taugenichts, und ältere Belege (vgl. DWB 21, Sp. 200), stellen ihn mit Strauchdieben und Gaunern auf eine Stufe. Die Robinson-Übersetzung von 1731 etwa übersetzt das englische *rogues* ›Landstreicher, Schurken‹ mit »Tauge-Nichte«: Geschildert werden zwei bewaffnete Meuterer (»Bösewichter«), die in »Ketten und Banden« gehörten: »Hierauff gab ich ihm [dem Kapitän des Schiffes] zu verstehen / wo ers verlangte / getraute ich mir die zween Tauge-Nichte / wovon er redete / dahin zu bringen daß sie selber darum anhalten müsten / sie auf dem Eiland lassen zu mögen.« (*Das Leben [...] des Weltberühmten Engelländers, Robinson Crusoe,* Hamburg 1731, Bd. 1, S. 388f.) Noch Jakob Michael Reinhold Lenz (1751–1792) setzt »Galgendieb« und »gassenläuferischer Taugenichts« gleich (*Der Hofmeister,* 1772/74, I,4).

Erst ACHIM VON ARNIM (1782–1832) – den Eichendorff neben Ludwig Tieck und Clemens Brentano als größten Dichter der Romantik verehrte – löst 1805 mit seinem Aufsatz *Von Volksliedern* (im Anhang zum ersten Band von *Des Knaben Wunderhorn*) eine Verschiebung der Wortbedeutung aus. Er beschreibt den Taugenichts als einen Menschen, der sich in die gesellschaftlichen Muster nicht einpaßt und zum Philisterdasein nicht taugt:

»[...] weil der Nährstand eines festen Hauses bedarf, so wurde jeder als Taugenichts verbannt, der umherschwärmte in unbestimmtem Geschäfte, als wenn dem Staate und der Welt nicht gerade diese schwärmenden Landsknechte und irrenden Ritter, diese ewige Völkerwanderung ohne Grenzverrückung, diese wandernde Universität und Kunstverbrüderung zu seinen besten schwierigsten Unternehmungen allein taugten. Es ist genug träger Zug im Menschen gegen einen Punkt, aber selten ist die Thätigkeit, welche durch Einöden zieht und Samen wunderbarer Blumen ausstreut, zu beyden Seiten des Weges, wo er hintrifft, allen gegeben, wie der Thau, wie der Regenbogen: doch wo er, vom Winde getragen, hinreicht, da endet die unmenschliche Einöde, es kommen gewiß, die sich unter den Blumen ansiedeln, um aus ihnen Lust und Leben zu saugen.«

Zit. nach: FBA 6. S. 420.

Der Taugenichts Eichendorffs versucht, mit seinem Blumengarten die »unmenschliche Einöde« der Philister zu beleben. Von den »Trägen, die zuhause liegen« singt er bereits in seinem ersten Lied, als ihn sein Vater – ganz im Sinne von Arnims Beschreibung – als Taugenichts verbannt hatte. Auch er macht aus der Not eine Tugend, reist in »unbestimmtem Geschäfte« und dient der »Kunstverbrüderung«, um dann seine »Samen wunderbarer Blumen« auszustreuen.

Arnim kommt in seinem Aufsatz auch auf die Bräuche der wandernden Handwerksgesellen und ihre Lieder zu sprechen:

»Hört nur, wie die Zugvögel schön singen den neuen Frühling; da ziehen schon die wackern Handwerksgenossen mit Bündel und Felleisen in langen Reihen über den Weg; [...] wo sie singen ist keine Halbstimmigkeit, wo Deutsche gebraucht werden, von London bis Moskau und Rom, kein halbsinniges Lied:

> Frisch auf, Ihr Bursche! wandert mit,
> Holt Bündel und Felleisen,
> Doch eh wir mit dem lezten Schritt
> Der Stadt den Rücken weisen,
> Schenk Mädchen uns noch Kuß und Wein,
> Drauf mit der Sonn zu reisen.

[. . .] Wer hat soetwas nicht öfter erlebt und sey es auch nur im Traume? So hörte ich auch über die Londonbrücke Hannöversche Flüchtlinge: ein freyes Leben – hinsingen, als ich mit Sehnsucht nach meinem Vaterlande den Wasserspiegel herabsah, da schien mir auch jener Boden befreundet mit seiner zornigen rothen Abendsonne.

Zit. nach: Ebd. S. 426.

Von den reglementierten Handwerksbräuchen setzt sich der Taugenichts ab, aber um diese Fixierungen der Zünfte geht es auch Arnim nicht. Wesentlich ist für beide romantischen Dichter, für Arnim und Eichendorff, daß die unteren Schichten des Volkes wieder zur Kunst finden, nachdem die Gelehrten und die gebildeten Bürger – in ihrem erstarrten Theater- und Opernbetrieb etwa – den rechten Zugang zur Kunst (nach Arnims Auffassung) verloren haben. Als Beispiel für die noch unverbildeten Volksgesänge, die mit der Liedersammlung *Des Knaben Wunderhorn* wieder belebt werden sollen, nennt Arnim auch solche, die von Soldaten und Schiffern stammen, also von Menschen, die nach den (wenig präzisen) Vorstellungen der Romantiker zum unverbildeten »Volk« gehören. Bei seiner Rheinreise mit Clemens Brentano hatten ihn die singenden Schiffer am Rhein fasziniert; in seinem Aufsatz erinnert er sich, wie er von seiner Phantasie nach Italien getragen wurde:

»Kennst Du das Land wo die Zitronen blühen? Italien ist entdeckt, wo der Wein reift an allen Orten. Und als ich im mittelländischen Meere schiffte, der Schiffer sein Lied sang auf alles, was uns traf, Windstille und Seekrankheit, bis ihm der Sturm das Lied von der Lippe blies, da floß der Rhein.«

Zit. nach: Ebd. S. 436.

Der Taugenichts wird von ähnlichen Phantasien beflügelt, und es ist nur allzu deutlich, daß Eichendorff mit dem Titel der Erzählung auch zahlreiche Vorstellungen der Heidelberger Romantik in sein Werk aufnahm, zumal die Lieder-

sammlung *Des Knaben Wunderhorn* zur stilprägenden
Quelle seiner Lyrik wurde. Der Taugenichts ist jedoch nicht
nur der Bursche ›aus dem Volk‹, sondern er ist auch der
Philister-Feind, der »Antiphilister«. Das Negativbild des
beschränkten, funktionierenden (spieß-)bürgerlichen Menschen, des »Philisters«, war bereits in der Frühromantik
entworfen worden und taucht schon in Goethes *Werther*
(1774) auf. Dabei war eine alte Bezeichnung aus der Studentensprache – die ihrerseits auf die Bibel zurückgeht – die
Grundlage. Im *Studenten-Lexikon* von CHRISTIAN WIL-
HELM KINDLEBEN (Halle 1781) heißt es:

»Philister, heist in der Sprache der Studenten alles, was
nicht Student ist; insonderheit werden Bürger, welche Studenten im Hause wohnen haben, so genannt. Pferdephili-
ster, Pferdeverleiher. Sobald der Bursche die Universität
verläst und Kandidat wird, sobald wird er auch Philister.
Man leitet dieses Wort, welches sich zunächst aus Jena, dem
Vaterlande der Renommisten, herschreibt, daher: In Jena
(so erzählt man) in einem vor der Stadt belegenen Wirts-
hause, wo sich Bürger und Studenten des Trinkens und der
Belustigung wegen zu versammeln pflegen, sind ehemals
zwey Studenten erschlagen worden. Der Verdacht wegen
dieser Mordthat fiel auf die Bürger, wovon viele gefänglich
eingezogen, aber nicht verurtheilt wurden, weil man den
Thäter nicht herausbringen konnte. Der Superintendent des
Orts hielt den Erschlagenen eine Leichen- oder Gedächt-
nißpredigt, wobey sehr viele Studenten zugegen waren; er
bediente sich in dieser Predigt, indem er die unbekannten
Mörder anredete, unter andern des Ausdrucks: Philister,
über dir, Simson! welches sogleich unter den Musensöhnen
ein wohlgefälliges Gemurmele erregte, und als sie haufen-
weis aus der Kirche kamen, riefen sie den Bürgern zu: Pere-
ant die Philister tief! welche Benennung nachher, obrigkeit-
licher Verbote ohngeachtet, zur Gewohnheit geworden
ist.«

Zit. nach: W 2. S. 591.

Auf der Grundlage dieses geläufigen Schimpfworts der Studenten wird der Philisterbegriff in der Jenaer Romantik – bei Tieck, Novalis und den Brüdern Schlegel – als Bezeichnung für alle (im Sinne der romantischen Ideen) phantasielosen, »unpoetischen« Menschen ausgeweitet, die in ihrem Denken von der Rationalität der Aufklärung bestimmt sind und sich den gesellschaftlichen »Zwecken« widerspruchslos einordnen. Dazu schreibt NOVALIS (eigentlich Friedrich von Hardenberg; 1772–1801):

»Unser Alltagsleben besteht aus lauter erhaltenden, immer wiederkehrenden Verrichtungen. Dieser Zirkel von Gewohnheiten ist nur Mittel zu einem Hauptmittel, unserm irdischen Daseyn überhaupt, das aus mannichfaltigen Arten zu existiren gemischt ist.
Philister leben nur ein Alltagsleben. Das Hauptmittel scheint ihr einziger Zweck zu seyn. Sie thun das alles, um des irdischen Lebens willen; wie es scheint und nach ihren eignen Äußerungen scheinen muß. Poesie mischen sie nur zur Nothdurft unter, weil sie nun einmal an eine gewisse Unterbrechung ihres täglichen Laufs gewöhnt sind. In der Regel erfolgt die Unterbrechung alle sieben Tage [...]. Sonntags ruht die Arbeit, sie leben ein bißchen besser als gewöhnlich und dieser Sonntagsrausch endigt sich mit einem etwas tiefern Schlafe als sonst; [...]. Ihre parties de plaisir müssen konvenzionell, gewöhnlich, modisch seyn, aber auch ihre Vergnügen verarbeiten sie, wie alles, mühsam und förmlich.
Den höchsten Grad seines poetischen Daseyns erreicht der Philister bey einer Reise, Hochzeit, Kindtaufe, und in der Kirche. Hier werden seine kühnsten Wünsche befriedigt, und oft übertroffen.«

Novalis: Schriften. Die Werke Friedrich von Hardenbergs. Begr. von Paul Kluckhohn und Richard Samuel. Bd. 2. 3., nach Handschr. erg., erw. und bearb. Aufl. Stuttgart: Kohlhammer, 1981. S. 447.

Das »Sonntagsleben« des Taugenichts hebt sich von diesem »Alltagsleben« der Philister ab, das CLEMENS BRENTANO im einzelnen in seiner satirischen Schrift zum Wesen des Philisters beschreibt. Brentano war 1797 als Student zum Tieck-Schlegel-Kreis in Jena gestoßen und hatte sich bald einen Namen als »Schüler« der frühromantischen Schule erworben. Seine Satire *Der Philister vor, in und nach der Geschichte* erschien erst 1811, entstand jedoch bereits in Jena um die Jahrhundertwende. Darin heißt es zum Wesen des Philisters:

»Wenn der Philister morgens aus seinem traumlosen Schlafe, wie ein ertrunkener Leichnam aus dem Wasser, herauftaucht, so probiert er sachte mit seinen Gliedmaßen herum, ob sie auch noch alle zugegen; hierauf bleibt er ruhig liegen, und dem anpochenden Bringer des Wochenblatts ruft er zu, er solle es in der Küche abgeben, denn er liege jetzt im ersten Schweiß und könne, ohne ein Wagehals zu sein, nicht aufstehn [...]. [...] sodann denkt er daran, der Welt nützlich zu sein [...]. Seine weiße baumwollne Schlafmütze, zu welchen diese Ungeheuer große Liebe tragen, sitzt unverrückt, denn ein Philister rührt sich nicht im Schlaf. [...] Sodann raucht er Tabak, wozu er die höchste Leidenschaft hat, oder welches er übertrieben affektiert haßt; im ganzen ist der Rauchtabak den Philistern unendlich lieb, sie sagen sehr gern, er halte ihnen den Leib gelinde offen, und sie könnten bei dem Zug der Rauchwolken Betrachtungen über die Vergänglichkeit anstellen; so hängt die Pfeife eng mit ihrer Philosophie zusammen; [...]. Seine Kaffeekanne ist von Bunzlauer Steingut, und ist er ein langsamer Trinker, so hat sie ein ordentliches Kaffeemäntelchen um, wie ein andrer Philister auch, denen diese braunen Kannen überhaupt sehr ähnlich sehen. [...] Er lebt in Wetzlar (sie halten sich gern dort auf) [...]. Bei den unbedeutendsten Gesprächen macht er Gesichter von größter Bedeutung [...]. Sie nennen die Natur, was in ihrem Gesichtskreis oder vielmehr in ihr Gesichtsviereck fällt, denn sie be-

greifen nur viereckichte Sachen, alles andere ist widernatürlich und Schwärmerei. [...] Eine schöne Gegend, sagen sie,
lauter Chaussee! [...] Die Philister haben nur Sinn für
platte, tändelnde oder bocksteife Musik, den Beethoven
halten sie für ganz verrückt [...].«

CBW 2. S. 987–998.

Mehrfach zitierte Eichendorff in seinem Werk eine Passage
aus dieser Satire, in welcher der banale Lebensweg der
Kleinkrämerseelen ins Bild gebracht wird. Brentano greift
hier auf die biblische Grundlage der Bezeichnung zurück
und spielt auf den Kampf Simsons mit den Philistern an.
An die Stelle Simsons ist nach seiner Auffassung in der neueren Zeit die Jugend – insbesondere die studentische Jugend
– getreten, die den Kampf gegen alles Philiströse immer erneut entfacht:

»Der Name Philister ist für die jetzigen Philister, die ein
transzendentaler Teeaufguß, [...] ein fader [...] Nachge-
schmack der alten, von der Geschichte längst verdauten
Philister sind, ursprünglich von den hohen Schulen ausge-
gangen, wo die Jugend, dieser begeisterte, hochzeitstrun-
kene Löwenzerreißer, den Honig der Weisheit in dem Ra-
chen des besiegten Tieres findet, wo die Jugend, dieser sich
ewig erneuernde Simson, freudig, im Vertrauen auf göttliche Sterne, das planvolle Segel eines leichten Kahns, welten-
suchend, den treibenden Winden des Himmels übergibt
und, rasch auf dem Flügel der Begeisterung über dem Meer-
spiegel des Gottes hinfliehend, häufig die bedächtige, breite
Treckschuite der Philister im Grund segelt, welche, mit guten Pässen versehen [...] auf ihrer Reise vom Buttermarkt
nach dem Käsemarkt begriffen sind. Philister also wurden
alle genannt, die keine Studenten waren, und nehmen wir
das Wort Student im weitern Sinne als Studierenden, eines Erkenntnisbegierigen, eines Menschen, der das Haus
seines Lebens noch nicht wie eine Schnecke, welche die
wahren Hausphilister sind, zugeklebt, [...] eines Anbeten-

den der Idee, so stehen die Philister ihm gegenüber, und alle
sind Philister, welche keine Studenten in diesem weitern
Sinne des Wortes sind.«   Ebd. S. 983 f.

Während die Ausmalung des Negativbildes eines dümmli-
chen, spießbürgerlichen Menschen in satirischer Form keine
Probleme bereitet, ist die Beschreibung und Benennung der
positiven, ›neuen‹ Menschen, von denen die Romantik
träumt, nicht so einfach. In den frühen Satiren Tiecks werden sie »die Poetischen« genannt, Novalis und die Brüder
Schlegel prägen den Begriff von der »Poetisierung« oder
»Romantisierung« des Lebens. Eichendorff übernimmt
noch 1823 die Bezeichnung »die Poetischen« in seinem satirischen Drama *Krieg den Philistern!*, greift jedoch mit seinem Novellentitel dann Arnims Beschreibung auf und bezeichnet seinen poetischen Menschen mit einem Schimpfwort der Philister: Taugenichts.
Die Nachwirkung dieses Titels ist groß, denn in dem Maße,
wie der Menschentyp seiner Erzählung zum Leitbild des
poetisch-musischen Deutschen hochstilisiert wurde (vgl.
Kap. V des vorliegenden Bandes), verschob sich im Deutschen die Wortbedeutung zum Positiven. Einen ungeschick-
ten, tölpelhaft-naiven Menschen, der es im Berufsleben
nicht weit bringt, wird man eher als »Taugenichts« bezeichnen als einen Dieb oder Landstreicher. Als Bezeichnung für
einen besonders künstlerischen, »poetischen« Menschen hat
sich das Wort im Alltagsgebrauch jedoch nicht durchgesetzt,
und im heutigen Sprachgebrauch ist die Bezeichnung veral-
tet und abwertend.

2. Der neue Troubadour

Mit welchen Wesenszügen das Bild eines ›neuen‹, romantischen Menschen zu denken sei, erhellt eine Überschrift, die
Eichendorff zunächst für den *Taugenichts* erwogen hatte

und die in einer auf 1823 datierten Handschrift der ersten beiden Kapitel überliefert ist: »Der neue Troubadour«. Darunter steht (durchgestrichen): »Zwei Kapitel aus dem Leben eines armen Taugenichts Oder der moderne Troubadour«. Es folgen weitere Erwägungen zum Titel, die bereits auf den Text des Erstdrucks in der Zeitschrift *Deutsche Blätter für Poesie, Litteratur, Kunst und Theater* (1823) weisen: »Ein Kapitel aus dem Leben eines armen Taugenichts; mitgetheilt durch J. Frhrn. v. E. (Wahrscheinlich oder gewiß nur Ein Kapitel vom Taugenichts.)« (vgl. Polheim I, S. 19).

Die Bezeichnung »Troubadour« spielt auf die provencalische Minnesängertradition an. Die Begeisterung für das Mittelalter – wie sie sich etwa in Novalis' Essay *Die Christenheit oder Europa* (1801 entstanden), in der von Tieck herausgegebenen Minneliedersammlung von 1803 und in den Forschungen zum Nibelungenlied zeigte – führte dazu, daß auch die Ursprünge der Minnesängertradition in Frankreich in das Blickfeld der Romantiker kamen. Es war besonders die Heidelberger Gruppe um den »novalisierenden« Grafen Otto Heinrich von Loeben (1786–1825), die sich um eine Erneuerung der Minnesängertradition bemühte. Eichendorff (und sein Bruder Wilhelm) gehörten, als sie 1806 und 1807 in Heidelberg studierten, zu dem »Eleusischen Bund« Loebens. Die Beschreibung eines Freundes aus dieser Zeit (WILHELM BUDDE) belegt, daß Eichendorff selbst versuchte, sich als modernen Minnesänger zu stilisieren. In seinem Tagebuch schreibt Budde über Eichendorff:

»Ein italienisch kräftiges und brausendes Sehnen der Liebe ist ihm fremd, wie der reiche und glühende Himmel Italiens. Aber wo milder Blumenstaub in der Provence und Spanien die Luft erfüllt und zarte Lieder der Liebe, aus dem Herzen des Volkes gehaucht, da wohnt sein Gemüt, und sein Leben wie sein Gesang klingt uns Deutschen aus einer südwestlichen Welt her.«

Zit. nach: W 1. S. 842.

Eichendorff hat weder Italien noch Südfrankreich oder Spanien mit eigenen Augen gesehen, aber er hatte eine Vorstellung von Leben und Geist dieser mediterranen Welt und entwirft sie in seinem *Taugenichts* als Gegenwelt zur Enge der deutschen Staaten und erwägt deshalb den Titel *Der neue Troubadour.*

Tatsächlich hat die Minneauffassung der Troubadoure im *Taugenichts* einige Spuren hinterlassen, denn es ist ja die »schöne gnäd'ge Fraue«, die zugleich Züge der Gottesmutter Maria trägt (vgl. Anm. zu 9,33 und 13,7–12), der alle Bemühungen des Taugenichts gelten. Er leistet eine Art modernen Minnedienst und verklärt seine ›Angebetete‹ ebenso wie es die Minnesänger des Mittelalters taten. Auch Anklänge an ein Lied Walther von der Vogelweides (vgl. Anm. zu 14,1–20) sind entdeckt worden. Allerdings fehlen im *Taugenichts* die mittelalterliche Minne-Ethik und die damit verbundenen strengen Formen (auch der Lieder). Das Bild des ritterlichen Troubadours wurde bei der Ausführung des Entwurfs von einem anderen Modell überlagert und schließlich verdrängt, das ebenfalls zu den Leitbildern der Romantik gehörte: das vom wandernden Handwerksburschen, vom volkstümlichen Helden, der noch etwas Ursprüngliches, Bodenständiges bewahrt hat, jedoch alle Formen bürgerlich-seßhaften Philisterdaseins meidet.

In Berlin und Wien hatte Eichendorff immer mehr Distanz zu seinem Mentor Loeben und dessen frömmelnder »After-Romantik« bekommen, und das Vorbild der volkstümlichen Lyrik des *Wunderhorn* verdrängte die am Mittelalter orientierte mystisch-erotische Marien-Lyrik der Frühzeit. So ist es konsequent, daß Eichendorff sich nun an einem Arnim-Text orientiert und das antiphilisträse, das Unkonventionelle und Unbürgerliche seines Helden mit dem neuen Titel in den Vordergrund rückt.

3. Charakter und Gattungsbezeichnung des Textes

Darauf, daß der *Taugenichts* bei aller betonten Unkonventionalität ein ambivalentes Verhältnis zur Bürgerlichkeit behält, weist die Überschrift »Ein Familien-Gemählde« hin, die in einer auf 1817 datierten Handschrift (vgl. Kap. III des vorliegenden Bandes) Überlegungen und Skizzen zum zweiten Kapitel einleitet (der Hinweis »Dieß ist das zweite Kapitel des Taugenichts« wurde von Eichendorff nachträglich eingefügt). Der Text dieses Entwurfs belegt, daß Eichendorff auf die Tradition der Idylle anspielt. Er will »kein Paradies, wie es in Romanen vorkommt«, schildern, sondern will von »einem glücklichen Ländchen« erzählen, in dem »alles so mittelmäßig oder vielmehr gemäßigt, vernünftig und sicher ist. [...] Die Bewohner dieses Ländchens [...] tranken nach gethaner Arbeit ihr Glas Bier und schmauchten zufrieden ihr Pfeifchen Taback dazu, mit Einem Worte: sie waren biedere Deutsche.« (Polheim I, S. 9–11.)

Idyllen dieser Art, in denen das bescheidene bürgerliche Leben geschildert wurde, hatten, allerdings in Versen, Johann Heinrich Voß (*Luise*) und Goethe (*Hermann und Dorothea*) veröffentlicht. Eichendorff spielt mit seiner Bezeichnung »Familien-Gemählde« vermutlich auf diese Tradition an, obwohl es keinen Hinweis darauf gibt, daß er eine Erzählung in Versform plante. Eichendorffs Worte verweisen deutlich auf Brentanos Philistersatire, und im Entwurf spricht Eichendorff von der »Weltkomödie à la Zerbino [...], wie die Romantiker etc. das Nest der Philister [...] belagern« (Polheim I, S. 11). *Zerbino oder die Reise nach dem guten Geschmack* ist der Titel einer Satire, in der sich Tieck ähnlich wie in seinem *Gestiefelten Kater* über die beschränkte Vernunft der Philister lustig macht. Es ist diese Tradition schärfster Philisterkritik, der sich Eichendorff in seinem *Taugenichts* und dem satirischen Drama *Krieg den Philistern* (1823) anschließt.

Im Gegensatz zum Denken der Frühromantik, von dem

eine »kalte Schlegelsche Kritikluft« (Arnim an Brentano) ausgeht, ist für Eichendorff Versöhnung wesentlich. Deshalb geht es in seinem Drama auch um eine Beendigung und Befriedung im Streit mit den Philistern, und die Philisterwelt im *Taugenichts* wird mit wohlwollender, gemäßigter Kritik geschildert. Das Idyll des frühen Entwurfs zeigt bereits diese Ambivalenz. Der Held betrachtet die enge Welt der Bürger spöttisch, aber er hat zugleich Sinn für das Behagen gerade der ländlichen Idylle, die an Eichendorffs Jugend im schlesischen Lubowitz erinnert. So heißt es im Entwurf: »Ist nicht ein adelicher Landsitz mit waklichten Mansarden [. . .], ein schlängelnder Bach, der die Flüßigkeiten aus dem Kuhstall auf die lachenden Wiesen leitet [. . .], genug für ein bescheiden fühlendes Hertz?« (Polheim I, S. 10 f.)

Der endgültige Text des *Taugenichts* beschränkt sich allerdings nicht auf die Schilderung einer Idylle, sondern läßt den Helden immer wieder in die idyllische Welt eintauchen, um ihn dann wieder »ins Freie« zu führen. Eine Gattungsbezeichnung wie ›Idylle‹ würde den Text daher nicht angemessen bezeichnen. Statt dessen erscheint das Werk in der endgültigen Druckfassung mit dem Untertitel »Novelle«.

Um diesen Tatbestand richtig bewerten zu können, muß man berücksichtigen, daß Gattungsbezeichnungen wie »Novelle«, »Roman«, »Romanze« erst durch die Fachgermanisten im späten 19. Jahrhundert – in Anlehnung an die Definitionen einzelner Dichter oder an bestimmte vorbildliche Werke – festgeschrieben wurden. Eichendorff selbst nimmt die Gattungsfrage nicht so wichtig. Auch das große Werk *Dichter und ihre Gesellen* (1834), das er selbst in einem Brief als »größeren Roman« bezeichnet, trägt im Druck den Untertitel »Novelle«. Der Verleger hat offensichtlich eigenmächtig gehandelt, aber Eichendorff hat gegen die Verwendung des modischen Begriffs nicht protestiert. Dabei stand er in den 30er Jahren der aufkommenden Novellenmode und -ideologie äußerst kritisch gegenüber. In seiner Satire *Viel Lärmen um Nichts* (1832) verspottet er eine Gruppe von Novellenschreibern, die auf der Jagd nach spannenden Stoffen ist und sich einer realistischen Darstellung verschrieben hat. Mit den Novellentheorien der Jungdeutschen und des »abtrünnigen« Romantikers Tieck beschäftigt EICHENDORFF sich z.B. in seiner literarhistorischen Schrift *Der deutsche Roman des achtzehnten Jahrhunderts in seinem Verhältnis zum Christentum* (1851). Darin heißt es:

»In der Novelle ist der Rückzug vom Romantischen noch augenfälliger als bei dem Geschichtsromane; hier wird die Darstellung schon ganz entschieden aus der Vergangenheit in die allerneueste Gegenwart übersiedelt. [...] Tieck [...] gilt bei uns mit Recht als der eigentliche Meister dieses Fachs, in den Novellen vornehmlich, die er seit seinem Abfalle von der Romantik, also etwa seit 1823 geschrieben. [...] Irgend ein Einfall, ein Urteil, eine Kunstansicht, oder auch Grille des Autors soll durch einige Figuren, die untereinander geistreich darüber debattieren, verkörpert und ins rechte Licht gesetzt werden. [...] Aber die rechte Poesie fängt niemals damit an, für einen im voraus normierten und zu gelegentlichem Gebrauche in Bereitschaft gehaltenen Gedanken willkürlich erst den passenden Stoff zu suchen; ihr erster und letzter Zweck ist nicht die Konstruktion einer Idee, sondern die Schönheit, die immer schon von selbst ideal ist. Sie sieht und gibt in unmittelbarer Anschauung die Idee gleich im fertigen Bilde [...] wie eine schöne Gegend ihre angeborene geistige Signatur, deren Deutung unbekümmert der Kritik des Reisenden überlassend. Jener absichtsvolle Calcul ist demnach nicht mehr der frische Hauch der Poesie, dem, weil er unbefangen durch die Wipfel weht, Blüten und Früchte von selbst zufallen; es ist vielmehr die Dichtkunst im Dienste der modernen Konversations-Geistreichigkeit.«

W 6. S. 596–598.

Eine »Novelle« in diesem Sinne hat Eichendorff nie zu schreiben versucht, und der *Taugenichts* steht in seiner Struktur dem episodisch angelegten Schelmenroman nahe, einer Form der spanischen Tradition (Picaro-Roman), die auch den Gauner und den naiv-tölpelhaften Helden kennt, der – scheinbar planlos – von Abenteuer zu Abenteuer durch die Welt streift. Im Deutschen entsprechen die von den Romantikern, auch von Eichendorff, geschätzten Barockromane von Hans Jakob Christoffel von Grimmelshausen (*Der abenteuerliche Simplicissimus Teutsch*) und Christian Reuter (*Schelmufsky*) diesem Typ. – Thomas Mann griff im 20. Jahrhundert noch einmal auf diese Tradition zurück. Seine (unvollendeten) *Bekenntnisse des Hochstaplers Felix Krull* sind – ähnlich dem *Taugenichts* – zugleich Parodie des klassisch-romantischen Bildungsromans und Wiederaufnahme der Picaro-Tradition. Den Novellendefinitionen, die sich bei Goethe und bei Tieck finden, entspricht der *Taugenichts* nicht. Die Struktur des Werkes wird weder durch eine »unerhörte Begebenheit« (Goethe) noch durch einen Wendepunkt (Tieck) bestimmt. Wenn daher Eichendorff in seinem Brief an den Verleger im Hinblick auf das *Marmorbild* und den *Taugenichts* von Novellen spricht (vgl. S. 53 f.), so orientiert er sich vermutlich an jener ›vorwissenschaftlichen‹ Verwendung des Begriffs, die jedwede kürzere Erzählung (im Gegensatz zum umfangreicheren Roman) als Novelle bezeichnete.

Mehrere Interpreten weisen auf die Nähe des *Taugenichts* zum Märchen hin, indem sie den Helden nach dem Vorbild des Grimmschen Märchens als »Hans im Glück« bezeichnen oder auf die ›märchenhaften‹ Zufälle in seinem Lebenslauf deuten (vgl. S. 69, 76, 90, 99). Die traumwandlerische Sicherheit des Helden, sein ständiges ›Glück im Unglück‹ und sein liebenswertes ›tumbes‹ Benehmen erinnern jedoch auch an die ›Schelmen‹ der beschriebenen Picaro-Tradition. Und so läßt sich der *Taugenichts* – wie viele andere Werke der Weltliteratur – in das Raster der Literaturwissenschaft nicht problemlos einordnen. Er ist ein Kunstwerk sui generis, das mit den Vorstellungen der Romantik eng verknüpft ist. Form und Inhalt entsprechen sich, und Eichendorff nimmt zwar literarische Traditionen auf, vermeidet es jedoch, eine vorgegebene Form zu imitieren.

III. Der früheste bekannte Entwurf (1817)

Das Bruchstück eines frühen Entwurfs zum *Taugenichts* ist auf indirektem Wege überliefert. Karl Polheim fertigte 1929 eine Abschrift von zwei Blättern an, die sich im Besitz von Karl von Eichendorff, einem Enkel des Dichters, befanden und heute verschollen sind. Nach dieser Abschrift edierte Polheims Sohn Karl Konrad 1989 den Text. Der Text zeigt exemplarisch, wie Eichendorff gearbeitet hat: Aus einer Keimzelle werden immer neue Ideen entwickelt, die meist mit: »Jezt« einsetzen. Verweise auf verlorene Blätter machen eine Rekonstruktion der einzelnen Entwicklungsstufen des *Taugenichts*-Textes unmöglich.

Der Entwurf ist »Ein Familien-Gemählde« überschrieben und nachträglich vom Dichter als »zweites Kapitel des Taugenichts« bezeichnet worden. Er beginnt mit der Beschreibung einer ländlichen Idylle: »es gieng in diesem glücklichen Ländchen alles so mittelmäßig oder vielmehr gemäßigt, vernünftig und sicher her [...]. Die Bewohner dieses Ländchens [...] tranken nach gethaner Arbeit ihr Glas Bier und schmauchten zufrieden ihr Pfeifchen Taback dazu, mit Einem Worte: sie waren biedere Deutsche« (Polheim I, S. 9 bis 11). Auf einer anderen Seite des Doppelblattes heißt es dann »*Jezt:* Gedichte u. den Taugenichts fertig machen« (Polheim I, S. 11), und es folgen einige Notizen, die bereits einzelne Motive der *Taugenichts*-Novelle enthalten, jedoch noch zwischen Ich- und Er-Form schwanken: »*Jezt:* Mein Glück, ganze Nacht im Freien voll Träumen. Am andern Morgen alles schaal, Langeweile *etc.* [...] Bei der Hochzeit [...] halten sie ihn Abends für verrückt, selbst die dicke in ihn verliebte Dame, die ihn bestellt hat, lauft erschrocken aus dem *Rendezvous* von ihm fort [...]. Er läuft, am folgenden Morgen auf dem Baume sitzend, fort [...]. Und wenn dann manchmal noch vor Tagesanbruch eine Extrapost vorbeikam [...] da sah ich dem Waagen lange nach, [...] und es war mir nicht anders als müßte ich auch wieder fort, weit fort in die weite Welt!« (Polheim I, S. 11–13.) Mehrfach setzt Eichendorff an, das geheimnisvolle, von einer Kammerjungfer vorbereitete Rendezvous zu schildern. Der Taugenichts beobachtet am verabredeten Abend die Vorgänge von einem Birnbaum aus: »Die alte gnädige Frau kommt unten, dick u. komisch als niedliche Gärtnerin. Er aber denkt immer an die andere Frau, und daß diß also ist die, die ihn bestellt hat, und meldet sich daher nicht. Unterdeß bemerkt er auch, daß die Schöne *verheirathet*« (Polheim I, S. 13f.). Diese Entdeckung wird auch in den weiteren Entwürfen, die jeweils mit »Jezt« einsetzen, wiederholt: »Jezt die alte dicke kokette Jardiniere [Gärtnerin] lächerlich machen. Sie sprechen komisch miteinander. Die Kammerjungfer nennt den Taugenichts einen Lümmel. Ich war recht froh, daß ich oben war u. hielt mich still, glaubend, daß dieß nicht die Bestellerin sey. [...] Er aber sieht die Schöne auf der Altane am Schloß, als wie wenn der Mond aufgienge am Arm ihres Mannes im weißen Kleide, wie eine Lilie in der Nacht erscheinen und freundlich herabschauen. Da merkt er den gantzen Kram, und daß die Schöne *verheirathet* sey. – [...] Und ich saß die übrige Nacht d[urch] oben wie eine Nachteule in den Ruinen meines Glücks. Tagesanbruch. Er geht fort u. singt, seine Geige streichend das Lied, ins Land hinauswandernd« (Polheim I, S. 15).

Am Schluß der einzelnen Entwurfsabschnitte wiederholt Eichendorff einen Satz, der wie eine Selbstaufmunterung klingt und durchaus auf das eigene frustrierende Philisterdasein im Beamtendienst zu beziehen ist (vgl. S. 49–52 des vorliegenden Bandes), aber auch als eine Art Leitmotiv des *Taugenichts*-Bewußtseins verstanden werden könnte: »Nun frisch u. keck fort, alles andere mit Gewalt vergeßend auf die Paar Stunden!«

Polheim datiert diesen Text auf Mitte Oktober 1817.

IV. Zur Entstehungs- und Druckgeschichte

1. Die Novelle

Eichendorff hat an dieser Erzählung, die zu seinem populärsten Werk werden sollte, eine Reihe von Jahren gearbeitet. Der früheste bekannte Entwurf vom Oktober 1817 enthält den Hinweis: »den Taugenichts fertig machen«. Ebenfalls vom Oktober 1817 stammt die Notiz »Jezt früh immer, wie ich gerade Lust habe, mein Marmorbild abschreiben und den Taugenichts beendigen« (zit. nach: Polheim II, S. 22). »Daß sich hier diese *fertig machen* nicht auf weit gediehene Vorarbeiten bezieht, bekundet der weitere Text, der einen ganz frühen Stand verrät, ja wahrscheinlich den allerersten Entwurf zum zweiten Kapitel – und eben erst zum zweiten Kapitel! – darstellt. Der Dichter gibt sich zwar überaus optimistisch, aber es ist ein vorgetäuschter Optimismus, den er gewaltsam gegen seine anderen Stimmungen setzt« (ebd., S. 23).

Zu dieser Zeit hatte Eichendorff sein Examen zum Eintritt in den preußischen Staatsdienst bereits abgelegt (im Dezember 1816) und war als Referendar in Breslau tätig. POLHEIM schreibt dazu:

»Die zweite Hälfte des Jahres 1817 war für Eichendorff drückend und trübe. Als Referendar in wirtschaftlich äußerst beschränkten Verhältnissen, mußte er nicht nur um eine Familie sorgen, in der das zweite Kind (Therese, 9. Mai 1817) geboren wurde, sondern war auch wegen seiner Heirat mit den Eltern überworfen, die sich selbst in katastrophalen finanziellen Zuständen befanden. Konnte da ein so lichtes Werk [...] gedeihen? Aber der Entwurf [...] floß dem Dichter ja keineswegs leicht aus der Feder, sondern entstand stockend und unter ständigen Selbstermahnungen, so daß gerade sie auf die bedrängten Lebensumstände weisen können [...].«

Ebd.

Nach dem zweiten Staatsexamen wird Eichendorff dann im
November 1819 in Breslau zum Assessor ernannt, eine Po-
sition, die nur geringfügig honoriert wurde und zur Ernäh-
rung der vierköpfigen Familie kaum ausreichte. Die regu-
läre Anstellung gelang nicht sofort – vermutlich, weil
Eichendorff im protestantischen Preußen zur katholi-
schen Minderheit gehörte. Erst 1821, nach der Ernennung
zum »Katholischen Rat«, dem die Bearbeitung der katho-
lisch-geistlichen und Schulangelegenheiten oblag, bezog
Eichendorff erstmals überhaupt ein nennenswertes Ge-
halt.

Auch aus dem väterlichen Vermögen konnten die Brüder
Eichendorff kaum Nutzen ziehen. Durch Mißwirtschaft
und Spekulationen waren die zahlreichen schlesischen Gü-
ter (mit dem berühmten Schloß Lubowitz bei Ratibor)
in Liquidation gegangen (1819); Lubowitz wurde 1823
zwangsversteigert. »Im Januar 1821 verließ Eichendorff
Breslau und trat seinen Dienst in Danzig an. Im Sommer
1822 und im Herbst (6. September bis Dezember) 1823
weilte er in Berlin« (Polheim II, S. 106). Während dieser
Zeit erschien der sogenannte Journaldruck J, betitelt *Ein
Kapitel aus dem Leben eines Taugenichts*, vom 26. September bis 7. Oktober 1823 in den ›Deutschen Blättern‹ in
Breslau. Im Jahre 1822, als Eichendorff vermutlich die Entwürfe zum *Taugenichts* ausarbeitete, war er weiterhin in einer prekären Lage und hatte keine Muße, sich einem freien
Dichterleben hinzugeben. In einem Brief vom 9. Januar
1822 (an Ludwig Sigismund Ruhl) schreibt er: »Mir läßt
mein Amt jetzt leider nicht viel Muße zum Dichten« (ebd.,
S. 107).

Das geschilderte Taugenichts-Leben steht demnach in grel-
lem Kontrast zur alltäglichen Misere im Staatsdienst und
der Einbindung in das familiäre Leben mit zwei (ab Januar
1821: drei) Kleinkindern. Wie sauer Eichendorff das philiströse Dasein eines Beschäftigten im ›öffentlichen Dienst‹
Preußens wurde, belegen die folgenden Gedichte, die vermutlich seine Erfahrungen in Berlin verarbeiten:

Mandelkerngedicht

Zwischen Akten, dunkeln Wänden
Bannt mich, Freiheitsbegehr*enden*,
Nun des Lebens strenge Pflicht,
Und aus Schränken, Akten-Schichten
Lachen mir die beleid*igten*
Musen in das Amts-Gesicht.

Als an Lenz und Morgenröte
Noch das Herz sich erlab*ete*,
O du stilles, heit'res Glück!
Wie ich nun auch heiß mich sehne,
Ach, aus dieser Sand*ebene*
Führt kein Weg dahin zurück.

Als der letzte Balkentreter
Steh' ich armer Enterb*eter*
In des Staates Symphonie,
Ach, in diesem Schwall von Tönen
Wo fänd' ich da des eig*enen*
Herzens süße Melodie?

Ein Gedicht soll ich Euch spenden:
Nun, so geht mit dem Leid*enden*
Nicht zu strenge ins Gericht!
Nehmt den Willen für Gewährung,
Kühnen Reim für Begeist*erung.*
Diesen Unsinn als Gedicht!

W 1. S. 236.

Der Isegrimm

Aktenstöße Nachts verschlingen,
Schwatzen nach der Welt Gebrauch
Und das große Tret-Rad schwingen
Wie ein Ochs, das kann ich auch.

Aber glauben, daß der Plunder
Eben nicht der Plunder wär',
Sondern ein hochwichtig Wunder,
Das gelang mir nimmermehr.

Aber Andre überwitzen,
Daß ich mit dem Federkiel
Könnt' den morschen Weltbau stützen,
Schien mir immer Narrenspiel.

Und so, weil ich in dem Drehen
Dasteh' oft wie ein Pasquill,
Läßt die Welt mich eben stehen –
Mag sie's halten, wie sie will!

W 1. S. 236 f.

Der im Jahre 1823 in der Breslauer Zeitschrift *Deutsche Blätter für Poesie, Litteratur, Kunst und Theater* (26.9. bis 7.10) veröffentlichte Text *Ein Kapitel aus dem Leben eines Taugenichts* (Polheim II, S. 106; vgl. auch den Paralleldruck in DKV 2, S. 445–485), entspricht im wesentlichen einem zweiten handschriftlichen Entwurf, den Polheim auf die »Nähe des Jahres 1823« datiert und für in Danzig entstanden hält (Polheim II, S. 105 und 107; Faksimilewiedergabe der Handschrift in: Polheim I, S. 51–70). Diese Handschrift trug (abweichend von dem Druck) den älteren Titel *Der neue Troubadour*.

Die weiteren Entwicklungsstufen des *Taugenichts*-Textes lassen sich aus dem überlieferten Material nicht verfolgen. Das in der Breslauer Zeitschrift abgedruckte Kapitel bildet die ersten *beiden* Kapitel der endgültigen Fassung und weicht nicht wesentlich vom Erstdruck der Novelle ab. Wie weit der vollständige, 1826 in Buchform veröffentlichte Text der Erzählung zum Zeitpunkt des Vorabdrucks, also 1823, bereits vollendet war, ist unklar. Es gibt Hinweise darauf, daß Eichendorff noch 1823 beabsichtigte, die vom Taugenichts verehrte Frau tatsächlich als verheiratete Gräfin einzuführen (W 2, S. 794) – wie sie im Entwurf von 1817 er-

scheint. Erst in der endgültigen Fassung des *Taugenichts* er-
weist sich dies am Schluß der Geschichte als Mißverständnis
des Helden, der die ersehnte »schöne Fraue«, die gar nicht
verheiratet und von höherem Stande ist, für sich gewinnen
kann.

Die Entwürfe zur endgültigen, vollständigen Fassung des
Taugenichts haben sich nicht erhalten, und in den Briefen
Eichendorffs fehlen Berichte zur Entstehungsgeschichte.
Hinweise zur Datierung lassen sich deshalb nur aus einigen
Anspielungen im Text gewinnen: Die Uraufführung von
Carl Maria von Webers Oper *Der Freischütz*, aus der
Eichendorff den Brautjungfernchor aufnimmt, fand am
18. Juni 1821 in Berlin statt. Vom »seligen Hoffmann«
konnte Eichendorff erst nach dessen Tod am 25. Juni 1822
sprechen.

Das Datum der Fertigstellung ist durch einen Brief belegt,
den Eichendorff am 8. Oktober 1825 aus Königsberg an
Julius Eduard Hitzig schrieb. Einem Freund gab er eine
Reihe von Manuskripten mit auf den Weg, die zu einer
Sammelausgabe vereinigt werden sollten. EICHENDORFF
zählt auf:

»Das Manuscript besteht aus drei Abtheilungen, nemlich
aus einer Novelle: ›Aus dem Leben eines Taugenichts‹, u.
zwey Abtheilungen von Gedichten. Hierzu gehört aber
noch eine andere Novelle: ›Das Marmorbild‹, welche ich indeß nicht wieder habe abschreiben laßen, da sie bereits in
Fouque's Frauentaschenbuch pro: 1819 [...] abgedruckt
ist«.

Zur Anordnung schlägt er vor:

»Am zweckmäßigsten scheint es mir, wenn das Gantze in
Einem Bändchen mit dem Collectiv-Titel: ›Novellen, Lieder u. Romanzen‹ in folgender Ordnung zu stehen käme:
    1. Inhaltsverzeichniß,
    2. das Marmorbild, aus dem Fr[auen] Taschenb[uch] v.
      1819,

3. die erste Abtheilung der Gedichte,
4. der Taugenichts, u.
5. Die zweite Abtheilung der Gedichte.«

HKA 12. 2. Aufl. S. 100.

Der Verleger nahm alle angebotenen Texte auf, hielt sich jedoch nicht an die vorgeschlagene Reihenfolge. Eichendorff hatte ihm auch ausdrücklich in seinem Brief »etwanige Abänderungen in der Reihenfolge« zugestanden. So stellte er den neuen, damals noch unbekannten Text des *Taugenichts* an den Anfang, die Abteilung mit Gedichten als Anhang geschlossen an den Schluß. Zur Ostermesse 1826 erschien das Bändchen unter dem Titel:

Aus dem Leben eines Taugenichts und das Marmorbild. Zwei Novellen nebst einem Anhange von Liedern und Romanzen von Joseph Freiherrn von Eichendorff. Berlin: Vereinsbuchhandlung, 1826. [Text des *Taugenichts*: S. 1–136.]

1841 nahm Eichendorff das Werk in den vierten Band seiner *Werke* auf. Ein Jahr später erschien eine separate Edition im gleichen Verlag (Simion, Berlin) mit sieben Zeichnungen von Adolph Schrödter. Bis zum Tode Eichendorffs (1857) erlebte dieser Einzeldruck seines populärsten Prosawerks vier Auflagen.

Von der Verbreitung des Textes zeugt auch die Aufnahme in mehrere Sammelpublikationen. So veröffentlichte Oskar Ludwig Bernhard Wolff (1799–1851) 1837 den Text in der *Encyclopädie der deutschen Nationalliteratur* (Bd. 2; vgl. Polheim II, S. 251 f.). Zu Eichendorff merkt er an: »Er kann mit Recht als einer der spätesten aber talentvollsten und eigenthümlichsten Jünger der sogenannten romantischen Schule betrachtet werden. Er verbindet mit einer Tiefe und Innigkeit des Gefühls, wie man sie selten findet, überaus große Anmuth der Gestaltung« (zit. nach: Polheim II, S. 252). 1846 druckt Wolff das 10. Kapitel des Werkes im *Hausschatz deutscher Prosa* ab (vgl. Polheim II, S. 252).

Auch Joseph Kehrein (1808–1876), der Herausgeber des *Handbuchs Deutscher Prosa für Schule und Haus* (mit erläuternden Anmerkungen), das 1855 in Leipzig erschien, bietet seinen Lesern im zweiten Band den *Taugenichts*. Dabei handelt es sich allerdings um einen unerlaubten Abdruck, der von Eichendorffs Verlag Voigt & Günther angefochten wurde (vgl. Polheim II, S. 254 f.). Daraufhin erschien in der zweiten Auflage von 1859 nur ein Textausschnitt (die ersten drei Kapitel).

Die posthumen Ausgaben des *Taugenichts*, die bis 1925 erschienen, übertreffen (von der jeweiligen Auflagenhöhe einmal ganz abgesehen) die aller anderen Erzählungen und Romane zusammengenommen um das Anderthalbfache (vgl. die von Karl von Eichendorff erstellte Bibliographie, HKA 22). Auch die Zahl der ausländischen Ausgaben und Übersetzungen des *Taugenichts* übersteigt diejenige der ausländischen und übersetzten Ausgaben anderer Erzählungen Eichendorffs bei weitem (vgl. Kron).

2. Die Gedichte

Neben der umfassenden Verbreitung der Novelle entwikkelten die im *Taugenichts* enthaltenen Lieder eine nachhaltige eigenständige Rezeption, die jene der Erzählung zeitweise zu überflügeln scheint. So berichtet der Literatur- und Kunsthistoriker HYAZINTH HOLLAND (1827–1918) aus der Erinnerung (um 1850):

»[...] große Erfolge errangen die zahlreichen Liedertafeln und Gesangvereine mit den einschmeichelnden lyrischen Ergüssen ›Wem Gott will rechte Gunst erweisen‹, von der grünen Waldeinsamkeit ›mit dem wunderbaren Schweigen, als ging der Herr durchs stille Feld‹, mit den in prächtiger Nacht den kühlen Grund verschlafen durchirrenden Bäch-

lein! Wahre Volkslieder, die auf den Flügeln des Gesanges
von Mund zu Mund gingen, bis man endlich anfing, auch
nach dem Dichter dieser ›wundersamen Weisen‹ zu fragen,
deren Töne ›wie auf goldenen Leitern‹ in die Herzen der
Sänger und der freudig Lauschenden stiegen. Mit welch'
kongenialer Wechselwirkung hatte der Tondichter den Poe-
ten erfaßt, kommentiert und zum ergänzenden Ausdruck
gebracht!«

> Hyazinth Holland: Joseph Freiherr von Eichen-
> dorff. In: Hochland. 1. Dezember 1907. Zit. nach:
> HKA 18,2. S. 824.

Holland läßt keinen Zweifel daran, daß es vor allem die gesungenen, zum Teil volksliedartig rezipierten lyrischen
Texte des *Taugenichts* waren, die seit der zweiten Hälfte des
19. Jahrhunderts große Verbreitung fanden. Ähnlich äu-
ßerte sich Wolfgang MÜLLER VON KÖNIGSWINTER (1816 bis
1873):

»Wenn ich mit meinen Künstlerfreunden in Düsseldorf und
mit meinen Studiengenossen in Bonn zusammen war, hatten wir die Schlegel, Tieck, Kleist und Brentano wohl gelesen, aber den lieben Eichendorff hatten wir gesungen.«

> Wolfgang Müller: In's alte romantische Land. In:
> Westermanns Monatshefte 6 (1859) S. 433.

Eichendorffs große Popularität hängt unmittelbar mit dem
Aufkommen der Männergesangsvereine und Sängerschaften
der Studenten zusammen. Die Wurzeln dieser Bewegungen
liegen in den Befreiungskriegen, an denen Eichendorff
selbst begeistert als Freiwilliger teilgenommen hatte. Der
Dichter empfand daher die Popularisierung seiner Lieder
durch Gesang als Erfüllung seines Lebenswerks und nahm
an den Ehrungen, die ihm die Gesangsvereine darboten, im
Alter auch selbst teil. So berichtet die SCHLESISCHE ZEI-
TUNG (Breslau) am 19. Juni 1856:

»*Neisse*, 17. Juni. Seit kurzer Zeit weilt der Geheime Regie-
rungs-Rath Herr Joseph Freiherr v. *Eichendorf*, einer der

talentvollsten Dichter der romantischen Schule in unserer
Mitte. ›So weit die deutsche Zunge klingt und Gott im
Himmel Lieder singt‹ ist sein Name bekannt, denn seine
Dichtungen wurden von den besten Componisten zu Lie-
dern benutzt, welche von Deutschlands Männer-Gesang-
vereinen mit stets frischer Begeisterung gesungen werden.
Aus Hochachtung und Dankbarkeit brachte der hiesige
Männer-Gesangverein dem ehrwürdigen Dichter gestern
ein Abendständchen, welches derselbe mit sichtlicher Rüh-
rung und Freude aufnahm. Außer einigen andern Liedern
wurde von den zahlreich versammelten Sängern »Der Jäger
Abschied« und »Der frohe Wandersmann«, componirt von
Mendelssohn, recht gelungen vorgetragen.«

Zit. nach: W1. S. 971.

Den Titel *Der frohe Wandersmann* hatte Eichendorff 1837
dem ersten Lied des *Taugenichts* (»Wem Gott will rechte
Gunst erweisen«) in einer Sammelausgabe seiner Gedichte
gegeben. Neben der genannten Vertonung von Felix Mendelssohn-Bartholdy ist die volkstümliche Melodie von
Theodor Fröhlich und ihre Verbreitung im *Allgemeinen
Deutschen Commersbuch* für die Verbreitung des Liedes
wesentlich.
Daneben gibt es die Tradition des durchkomponierten
Kunstliedes, das sich in den Salons des 19. Jahrhunderts
größter Beliebtheit erfreute; die bedeutenden Compositio-
nen Franz Schuberts, Robert Schumanns oder Hugo Wolfs
spielen bis heute im Konzertleben eine große Rolle. Eichen-
dorff-Gedichte gehörten zu den meistvertonten Liedern der
Romantik. Mit dem Aufkommen der Jugendbewegung um
die Jahrhundertwende erhielt die Eichendorff-Rezeption einen neuen Schub. Die Lieder kamen nun nicht mehr nur in
den Zirkeln der Vereine und Studentenverbindungen oder
in Salon- und Konzertveranstaltungen zum Vortrag, sondern wurden zu den Leitgesängen der zahlreichen organi-
sierten Wandergruppen. Insbesondere der Text »Wem Gott
will rechte Gunst erweisen« ist hier zu nennen. Er bietet je-

doch zugleich ein Beispiel für »Anschluß« und fatale Umfunktionierung der Jugendbewegung im Nationalsozialismus. Denn die Nationalsozialisten benutzten das Lied 1932 – obwohl es bereits in der ersten Zeile mit ihrer Ideologie kollidiert – in einem Werbefilm für die Hitler-Jugend. Um eine ernstzunehmende »Interpretation« des Textes handelt es sich dabei jedoch nicht, eher um einen Mißbrauch, der am Ende einer langen Tradition verharmlosender Deutungen von Eichendorffs Wander-Metaphorik steht.

Um die Rezeptionsstränge der *Taugenichts*-Gedichte zu kennzeichnen, werden im folgenden einige wichtige separate Publikationen und Kompositionen aller von Eichendorff selbst gedichteten lyrischen Texte des *Taugenichts* in tabellarischer Form aufgeführt. Auch die Titel, die Eichendorff den Gedichten in den Sammelbänden seiner Lyrik gab, werden genannt. Eine vollständige Liste mit sämtlichen Publikationen dieser Texte würde allein einen Band ausmachen, da einzelne Lieder bis zu zweihundert Mal vertont wurden. Wir beschränken uns daher auf die Veröffentlichungen zu Lebzeiten des Dichters und auf Vertonungen bekannter Komponisten:

S. 6/27: *Wem Gott will rechte Gunst erweisen*

- 1823 ED im *Troubadour*
- 1826 *Taugenichts*
- 1833 *Liederbuch für deutsche Künstler*, hrsg. v. Franz Kugler und Robert Reinick, Berlin; vertont von Theodor Fröhlich, mit dieser Melodie später auch im *Allgemeinen Deutschen Commersbuch*
- 1836 *Lyrisches Schatzkästlein der Deutschen*, hrsg. v. Otto Friedrich Gruppe, Berlin, Titel: *Reisesegen*
- 1837 *Gedichte*; Titel: *Der frohe Wandersmann*
- 1840 Vertonung von Robert Schumann (op. 77/1)
- 1844 Vertonung von Felix Mendelssohn-Bartholdy für Männerchor (op. 75/1)
- 1849 *Trösteinsamkeit in Liedern*, ges. von Philipp Wakkernagel, Frankfurt a. M.

1854 *Sammlung aus den vorzüglichsten neueren katholischen Dichtern und Prosaikern Deutschlands*,
hrsg. von Johann August Moriz Brühl, Mainz

S. 9/14: *Wohin ich geh' und schaue*

1823 ED im *Troubadour*

1826 *Taugenichts*

1833 *Liederbuch für deutsche Künstler*, hrsg. von Franz
Kugler und Robert Reinick, Berlin; Titel: *Lied des
Gärtners*

1836 *Lyrisches Schatzkästlein der Deutschen*, hrsg. von
Otto Friedrich Gruppe, Berlin; Titel: *Lied des
Gärtners*

1837 *Gedichte*; Titel: *Der Gärtner*

1849 *Trösteinsamkeit in Liedern*, ges. von Philipp Wakkernagel, Frankfurt a. M.

1894/95 Vertonung von Hans Pfitzner

S. 40: *Fliegt der erste Morgenstrahl*

1826 ED im *Taugenichts*

1837 *Gedichte*; Titel: *Der Morgen*

1841 *Werke.* – Der Trennstrich zu einer folgenden, titel-
losen Einzelstrophe (»Hinaus o Mensch« aus dem
Roman *Ahnung und Gegenwart*) in der Gedicht-
ausgabe von 1837 wurde übersehen, so daß ein
dreistrophiges Gedicht entstand

1854 *Sammlung aus den vorzüglichsten neueren katholi-
schen Dichtern und Prosaikern Deutschlands*, hrsg.
von Johann August Moriz Brühl, Mainz

S. 45/95: *Schweigt der Menschen laute Lust*

1826 ED im *Taugenichts*

1836 Leicht verändert im Lustspiel *Wider Willen*

1837 *Gedichte*; Titel: *Abend*

1841 *Werke*; Titel: *Der Abend*

S. 45: *Wenn der Hoppevogel schreit*

Von Eichendorff nicht in die Gedichtsammlung aufgenommen

S. 56: *Wer in die Fremde will wandern*

    1826 ED im *Taugenichts*
    1833 *Liederbuch für deutsche Künstler*, hrsg. von Franz
            Kugler und Robert Reinick, Berlin; Titel: *In Italien*
            zu singen
    1837 *Gedichte*; Titel: *Heimweh*
    1888 Vertonung von Hugo Wolf

S. 66: *Wenn ich ein Vöglein wär'*

    Bearbeitung einer Strophe aus *Des Knaben Wunder-*
    horn, die Eichendorff nicht als eigenständiges Gedicht
    in seine Lyrik-Ausgaben aufnahm

S. 83: *Die treuen Berg' stehn auf der Wacht*

    1826 ED im *Taugenichts*
    1837 *Gedichte*; Titel: *An der Gränze*
    1854 *Sammlung aus den vorzüglichsten neueren katholi-*
            schen Dichtern und Prosaikern Deutschlands, hrsg.
            von Johann August Moriz Brühl, Mainz

S. 93: *Nach Süden nun sich lenken*

    1826 ED im *Taugenichts*
    1841 *Werke*, Titel: *Wanderlied der Prager Studenten*
    1847 Göpels *Lieder- und Kommersbuch* mit der Melodie
            eines alten französischen Jagdlieds; danach auch im
            Allgemeinen Deutschen Commersbuch
    1854 *Sammlung aus den vorzüglichsten neueren katholi-*
            schen Dichtern und Prosaikern Deutschlands, hrsg.
            von Johann August Moriz Brühl, Mainz

V. Zur Wirkungsgeschichte

Eine einhellige Meinung zum *Taugenichts* läßt sich in den Rezensionen der Zeitgenossen Eichendorffs nicht ausmachen. Viele Rezensenten lassen sich von dem Lebensgefühl des Taugenichts »anstecken«, können jedoch das positive Votum kaum rational begründen.

In der VOSSISCHEN ZEITUNG erschien kurz nach Publikation der Buchausgabe eine zustimmende anonyme Kritik, von der Eichendorff selbst eine Abschrift fertigte:

»In dem so eben (Berlin, in der Vereinsbuchhandlung) ausgegebenen Werke: ›Aus dem Leben eines Taugenichts und das Marmorbild. Zwei Novellen, nebst einem Anhange von Liedern und Romanzen von Joseph Freiherrn von Eichendorff‹ hat besonders die erste Novelle, die den größten Theil des Bandes füllt, etwas höchst Originelles. Die Idee, wie ein von der Natur zur Romantik begabter Charakter, der alle äußere Bildung entbehrt, die Menschen, die Kunst und überhaupt die Welt ansieht, ist ungemein ansprechend und humoristisch durchgeführt und in der Einfachheit des Ganzen entwickelt sich wahrhafte Poesie. Wenn der komische Roman überhaupt in der Deutschen Litteratur etwas Seltenes ist, so darf dieser schon deshalb auf ein »Willkommen!« rechnen; mehr aber noch, weil offenbar ein bedeutsamer Gedanke zum Grunde liegt, ohne daß er auf irgend eine Weise aufdringlich wird; und weil zugleich durch die schlichte Schilderung (der sogenannte Taugenichts erzählt selbst) bedeutender Gemüthszustände nicht bloß für einen Theil der Leser, sondern für alle gesorgt ist. Wie wir hören, hat dieser Roman in der hiesigen litterarischen Gesellschaft, die eine große Zahl unserer besten Aesthetiker in sich faßt, Sensation gemacht.«

Königlich privilegirte Berlinische Zeitung (Vossische Zeitung). 31. Mai 1826. Zit. nach: HKA 18,1. S. 129.

WILLIBALD ALEXIS (Georg Wilhelm Heinrich Häring [1798–1870]), einer der einflußreichsten Kritiker, der selbst als Verfasser von historischen Romanen und Novellen hervortrat, veröffentlichte in einer Leipziger Zeitschrift eine Kritik, in der zum erstenmal vom »Sonntagsleben« des Taugenichts die Rede ist. Im Gegensatz zu späteren Kritikern unterscheidet Alexis sorgfältig einen norddeutschen und einen österreichischen Blickwinkel und erklärt den Taugenichts für einen Österreicher:

»Wer einmal Lust empfindet, ein ewiges Sonntagsleben lesend mitzugenießen, der vergnüge sich bei dieser von Frühlingslust durchhauchten Novelle. Von ›Sorgen, Last und Noth um Brot‹ ist darin keine Spur zu treffen; es ist die Schilderung eines Schlaraffenlandes und -Lebens, und doch ist das Land geographisch ein sehr wohlbekanntes, voll Plackereien, Prellereien und Nöthen aller Art für Reisende und Einwohner, und die Menschen sind wirkliche Menschen, wie sie uns wol begegnen mögen. Einen solchen Zustand, in den Künstler und Dichter sich nur zu häufig aus den Drangsalen um sie her versetzt wünschen, ihn aber selten anders als im Lande der Phantasie antreffen, hat der Dichter hier verstanden, aus Materialien zu erbauen, die ganz aus diesem bedrängten Erdenleben entnommen sind. Dies war der Probestein des wahren Dichters. Den Vorwurf des Unwahrscheinlichen im Einzelnen kann der Autor, wo innere Wahrheit jeder Erscheinung zum Grunde liegt, leicht von sich wehren. Uns, in Norddeutschland, dünkt eine solche Glückseligkeit ohne Arbeit zwar unbegreiflich; hier würde eine strenge Kritik den Taugenichts in's Arbeitshaus treiben; warum wollen wir aber unsere Ansicht überall mithinüberbringen? Wir können uns doch auch einmal in einem solchen sorglosen gemüthlichen Leben freuen, zumal wenn es, so durch und durch harmlos, nur die liebenswürdige Seite des menschlichen Charakters hervorhebt. Der Held konnte daher auch nur ein Oestreicher sein. Fröhliches Blut, Liebe und Wein, ein heiterer, nirgends zu tief eindringender, aber auch vermöge des Gemüths nicht bei der bloßen Oberfläche der Erscheinung flüchtig und absprechend vorübereilender Sinn, und originelle Auffassung der Wunderdinge, die ihm in der Welt begegnen, charakterisiren ihn und zum Theil auch wol den Dichter mit.«

Blätter für literarische Unterhaltung.
29. Juli 1826. Zit. nach: HKA 18,1. S. 131.

Auch DANIEL LESSMANN (1794–1831), der Verfasser einer Rezension in der weitverbreiteten Berliner Zeitschrift *Der Gesellschafter*, war Schriftsteller. Er hatte keine Probleme, sich mit dem Helden zu identifizieren, und weist ausdrücklich auf die neue, *positive* Bedeutung der Bezeichnung »Taugenichts« hin (vgl. Kapitel II des vorliegenden Bandes):

»Ich bin in meinem Leben mit unterschiedlichen Taugenichtsen zusammen getroffen, habe aber bisher noch keinen gefunden, der in der That bei einer so echten Taugenichtserei doch so viel taugte; von dem Einen bin ich mit forteilendem Verdruß geschieden, dem Andern drückte ich freudig die Hand in der Hoffnung, ihm nie wieder auf Erden zu begegnen – Alle hatten mir durch ihre Bösartigkeit oder durch ihr langweiliges Naturell eine genußlose Lücke in's Leben gerissen – von diesem Einen schied ich mit gerührter Seele, und wo er mir wieder begegnet, will ich mich gern ihm zugesellen, und ohne Bedenken ihn mitführen in hohe und geringe Häuser.
[...] der Taugenichts mit seinen naiven Knabengefühlen griff mir mehrmals gar seltsam in das Herz, daß ich das Buch auf ein Paar Sekunden weglegte, und darüber hinaus, wehmüthig und selig, in die Wolken blickte, die sich über die Wetterfahne des nächsten Thurmes fortschlichen. Wenn aber ein Müllerjunge wie ein Müllerjunge spricht, und dennoch in der besonnenen Seele eines Kritikers solchen Unfug an zu stiften vermag, da muß etwas Wahres an der Sache seyn.« Der Gesellschafter. 4. August 1826. Zit. nach:
HKA 18,1. S. 133, 135.

Diesen wohlwollenden Rezensionen steht eine kurze, aber niederschmetternde Kritik von WOLFGANG MENZEL (1798 bis 1873) im *Literatur-Blatt* gegenüber. Menzel, der das Blatt als Beilage zum renommierten Cottaschen *Morgenblatt für gebildete Stände* selbst herausgab, war einer der einflußreichsten Kritiker Deutschlands. Der Verriß ist umso erstaunlicher, als Menzel den Romantikern nahestand und später sogar die von vielen als einseitig empfundenen literarhistorischen Schriften Eichendorffs uneingeschränkt lobte.

»Man erwartet etwas Komisches und findet nur langweilige Rührung. Der Taugenichts taugt auch gar nichts, und hat nicht einen Fetzen von jener göttlichen Bettelhaftigkeit der Tagediebe bey Shakespeare und Cervantes, es fehlt ihm alles, was man Humor nennt. Die andern Sachen geben sich wenigstens für das, was sie sind, und erregen keine große Erwartung. Es sind jugendliche Herzensergießungen von der gewöhnlichen Art, voll Saft, aber ohne Kraft.«

Literatur-Blatt. 8. August 1826. Zit. nach: HKA 18,1. S. 137.

»Liebliche Ergüsse eines wahrhaft poetischen Gemüths« sieht hingegen AMALIE VON VOIGT (1778–1840) im *Taugenichts*. Nachdem sie sich von dem Weimarer Regierungsrat Christian Gottlob von Voigt im Jahre 1809 hatte scheiden lassen, arbeitete sie regelmäßig als Rezensentin der bekanntesten Jenaer Zeitung. Hier hebt sie unter anderem die lebensfrohe Heiterkeit und Seelenruhe der Novelle hervor:

»Die Dichtungen des Freyherrn v. E i c h e n d o r f f hingegen werden überall in Deutschland offenes Ohr und offenes Herz finden, mögen sie nun als Klagen oder als Hoffnungen und stilles Entzücken der Liebe ertönen, oder als schauriges Volkslied sich aussprechen. Der Dichter ist nicht eigentlich originell, aber noch weniger Nachahmer; er kann sich mit Freyheit, mit innigem Durchdringen des Gegen-

standes die Art und Weise jenes und dieses Meisters, den Begriff der Gattung, aneignen; aber dieses Hineindenken in die Seele eines Dritten streift nirgends an Manier. Seine kleinen lyrischen und elegischen Gedichte sind besonders liebliche Ergüsse eines wahrhaft poetischen Gemüths. Selbst die Novellen, obgleich sie zuweilen im Stil und gewissen Lieblingsbildern an Tieck, und in der Art, einen romantischen Stoff zu erwählen und auszuführen, an Fouqué erinnern, tragen dennoch das entschiedenste Gepräge einer unerkünstelten Eigenthümlichkeit. [...]
Der Taugenichts ist ein ehrlicher Ingenu, der gern sich einen bequemen Tag macht, und vor Allem den Schlaf in Ehren hält. Selbst die Neigung zu einer schönen Gräfin, so wie mancher Wechsel und wunderliche Abentheuer, die er erfährt, stören ihn nicht in seiner Seelenruhe. Aus jeder Häutung und Entpuppung (denn das Schicksal und die Laune drücken ihn in verschiedene Formen) geht er unverändert hervor; und die letzte Verwandlung in einen lebensfrohen Schmetterling, dem es an einem behaglichen Zweig, darauf zu rasten, und Nahrung zu saugen, nicht gebricht, wird ihm nicht verdorben. Er ist kein gemeiner Glückspilz, er genießt sein heiteres Geschick mit dankbarem Gemüth, freut sich, daß die schöne Dame keine Gräfin ist, und daß sie, ohne von ihrer Höhe herabzusteigen, sein liebes Weibchen werden kann, ja er wünscht, daß es Jedermann so wohl ergehe, wie ihm.«   Jenaische Allgemeine Literatur-Zeitung. 7. Oktober (?) 1826. Zit. nach: HKA 18,1. S. 138 f.

Auch eine Kritik der in Halle erscheinenden ALLGEMEINEN LITERATUR-ZEITUNG – der Verfasser des Artikels ist nicht bekannt – sieht den poetischen Glanz als letztlich bestimmendes Merkmal:

»Es ist ein gutmüthiger Schwärmer, ein kindischer Träumer, ein poetischer Hans Ohnesorge, der die Welt wie einen Lustgarten ansieht, in dem sich es recht anmuthig ergehn läßt, und der endlich nach vielen seltsamen theils erlebten, theils erträumten Dingen, die sich in einer eben so seltsamen Verwickelung zu einem Ganzen bilden, sein Glück im Schlafe macht. Wenn wir nun in diesen Begebenheiten einen haltbaren Faden und eine Wahrscheinlichkeit vermissen, ohne welche jede erzählende Dichtung der innern Lebenskraft gebricht, so müssen wir uns nichts desto weniger der lieblich spielenden Darstellungsweise, der naiven Sprache und der oft sehr poetischen Bilder erfreuen, welche letztere das Leben dieses Taugenichts mit einem anziehenden prismatischen Glanze umgeben.«

> Allgemeine Literatur-Zeitung. 17. Februar (?) 1827.
> Zit. nach: HKA 18,1. S. 140.

Karl Rosenkranz resümiert schließlich 1838: »Ja, dieser Taugenichts ist recht ein Abbild der romantischen Poesie selbst« (HKA 18,1, S. 480). In ähnlichem Sinne schickt Ferdinand Freiligrath (1810–1876) am 22. Mai 1840 seiner späteren Frau Ida Melos (1817–1900) dieses »prächtig Ding von Eichendorff: ›Aus dem Leben eines Taugenichts‹« und erläutert: »Das ist die rechte Strolcherei. Sie müssen die Geschichte in der ersten freien Stunde lesen, und werden sich durch die feierlichste Heiterkeit und das nobelste Lachen belohnt finden, in die Sie je durch Lektüre hineingekommen sind.« (Zit. nach: HKA 18,1, S. 527)
Prototyp romantischer Poesie ist der *Taugenichts* auch den Gegnern der Bewegung. In Anlehnung an das antiromantische Manifest *Der Protestantismus und die Romantik* der Junghegelianer Theodor Echtermeyer und Arnold Ruge aus dem Jahre 1840 (vgl. HKA 18,1, S. 504–506) heißt es in WIGANDS CONVERSATIONS-LEXIKON 1841 (9. Lieferung, erschienen im April 1840):

»Der liebenswürdige ›Taugenichts‹ ist die eingefleischte Poesie, aber nicht die wahre Poesie, die mit Selbstbewußtsein sich über die Prosa der Wirklichkeit erhebt, sondern es ist die Poesie der genialen Willkür, die sich nicht weiß, die sich nach Belieben gehen läßt, in der Welt ohne Weiteres

herumschlendert und überall nicht herauskommt aus dem
thierischen Instinkt der bornirtesten Naivetät. Der
Taugenichts ist heiter, die Heiterkeit ist aber instinktartig,
nicht voll, nicht das Resultat des Bewußtsein, nicht Ausfluß
des thätigen Geistes, sie ist vielmehr das freudige Wedeln
der thierischen Bewußtlosigkeit, ein erkenntnißloses Her-
umtappen, blindes Vagabondiren der Caprice. Darin eben
besteht das romantische Glaubensbekenntniß, die Doktrin
der Bewußtlosigkeit ist der romantische Kodex.«

Zit. nach: HKA 18,1. S. 512 f.

Zeitlich parallel dazu findet sich in der *Allgemeinen Geschichte des Romans* von Oskar Ludwig Bernhard
Wolff die erste Charakterisierung des *Taugenichts* als Ausdruck des »ächten, deutschen Gemüths«:

»Eine süße, ernste Wehmuth dringt bei ihm [Eichendorff]
überall durch und ist die rührende Folie aller Lust, selbst
der tollen und possenhaften. Er drückt das selbst einmal in
seiner köstlichen Novelle ›Aus dem Leben eines Taugenichts‹ vollständig in folgenden Zeilen aus:

> Schweigt der Menschen laute Lust,
> Rauscht die Erde wie in Träumen
> Wunderbar mit allen Bäumen,
> Was dem Menschen kaum bewußt,
> Alte Zeiten, linde Trauer,
> Und es schweifen leise Schauer
> Wetterleuchtend durch die Brust.

Nirgends hat das ächte, deutsche Gemüth mit seiner stets
unbefriedigten Liebe und Sehnsucht, seiner reichen, aber
nur einseitig gestaltenden und immer wieder zu ihren Lieblingsbildern zurückkehrenden Phantasie, seinem gern in das
Possenhafte überspringenden Humor, seiner Glaubens-
wärme und Tiefe sich so ausgesprochen, wie in Eichendorff.«

Oskar Ludwig Bernhard Wolff: Allgemeine Ge-
schichte des Romans. Jena 1841. Zit. nach:
HKA 18,1. S. 551 f.

Das Intime des Ausdrucks hebt Theodor Mundt im zweiten Teil seiner *Geschichte der Literatur der Gegenwart* (Berlin 1842) hervor; im *Taugenichts* dürften wir, schreibt er, »erlaubtermaßen den Dichter selbst in seinen stillsten Lebenswünschen belauschen« (zit. nach: HKA 18,1, S. 616). Daß diese Wünsche Kompensation des enttäuschten Beamten sein könnten, deutet Julian Schmidt 1852 in seinen *Charakterbildern aus der deutschen Restaurationsliteratur* an, die Mitte Juli / Anfang August in der Leipziger Zeitung *Die Grenzboten* erschienen: »Es ist sehr begreiflich, daß der Beamte, der jeden Tag seinen bestimmten Gang, jeden Tag einen ihm äußerlich gesetzten Zweck verfolgt, sich die Zwecklosigkeit als das Paradies des Menschenlebens ausmalt« (zit. nach: HKA 18,2, S. 923).

Die vorherrschend positive Wertung des *Taugenichts* im Todesjahr Eichendorffs zeigt die Formulierung in einem Nekrolog der Frankfurter Zeitung *Deutschland* (10. und 12. Dezember 1857), in dem es mit Bezug auf den »unvergleichlichen Taugenichts« über Eichendorff heißt: »Hätte er auch keine andere Zeile geschrieben, würde sein poetischer Ruhm gerettet sein« (zit. nach: HKA 18,2, S. 1182).

Eine »Verkörperung des deutschen Gemüts« sieht THEODOR FONTANE (1819–1898) im Taugenichts. In einem Brief an Paul Heyse (1830–1914) vom 6. Januar 1857 lobt er zunächst Heyses Gedicht *Die Braut von Cypern*:

»Es tut einem wohl von Anfang bis zu Ende. Unter allem, was ich kenne, hat es mich zumeist an den Eichendorffschen Taugenichts erinnert, den ich so sehr hoch stelle, wahrscheinlich zu hoch. Ich kann mich hier nicht lang und breit darüber auslassen, was mir jene einzig dastehende Arbeit des liebenswürdigen Schlesiers so lieb und wert macht; der Taugenichts ist after all nicht mehr und nicht weniger als eine Verkörperung des deutschen Gemüts, die liebenswürdige Type nicht eines Standes bloß, sondern einer ganzen Nation. Kein andres Volk hat solch Buch. Ein Buch aber, in dem sich vor einem, auf wenigen Blättern und mit der Naivität eines Märchens, die tiefsten Seiten unseres Lebens erschließen, ein solches Buch muß was Apartes sein.«

Zit. nach: HKA 18,2. S. 1090 f.

Selbst Wolfgang Menzel, der den *Taugenichts* 1826 scharf kritisiert hatte, weist 1859 zwar noch auf gestalterische Mängel der Novelle hin, findet aber zu einem insgesamt versöhnlichen Urteil:

»Der schlesische Dichter, Joseph Freiherr v. Eichendorff, welcher zuerst 1815 auftrat, hat in seinen lyrischen Gedichten, wenn dieselben Waldeinsamkeit, Morgen- und Reiselust oder stille Liebe schildern, viel von Novalis und Tieck angenommen, in den Capriccios aber von Chamisso. Seine Novellenprosa erinnert am meisten an Arnim, gelegentlich auch an Sternbalds Wanderungen. Im Drama ist er warm, wie Heinrich von Kleist. Ueberall wiederholen sich bei ihm die zartesten Bilder und Töne unserer besten romantischen Dichter, aber Eichendorff selbst tritt uns nicht in festumrissener Originalität entgegen. [...]

Der Taugenichts ist ein armer Junge, der mit einer Geige singend in die Welt hinausgeht und von zwei Damen hinten auf dem Wagen mitgenommen wird, weil sein Gesang und Spiel sie ergötzt. Er wird in ihrem Schloß aufgenommen und Gärtner.

[...] Das Ganze läuft also auf eine romantische Mystification hinaus, die gar anmuthig durchgeführt ist. Der Styl mahnt an Arnims Kronenwächter. Aber die durchdachten Lieder passen nicht für einen so jungen unerfahrenen Taugenichts. Auch ist der Dichter etwas nachlässig gewesen, indem beim Abschied des Taugenichts noch Schnee vom Dache schmilzt und er an demselben Tage noch durch wogende Kornfelder wandert.«

Wolfgang Menzel: Deutsche Dichtung. Bd. 3. Stuttgart 1859. Zit. nach: HKA 18,2. S. 1274–1276.

In der Rezeption des *Taugenichts* während der ersten Hälfte des 20. Jahrhunderts spielt die Charakterisierung als ›typisch deutsch‹ eine zentrale Rolle. In harmlos spielerischer Form liegt sie einem Ballettentwurf zugrunde, den HUGO VON HOFMANNSTHAL (1874–1929) zum *Taugenichts* verfaßte. Rudolf Hirsch schreibt dazu: »Zwischen dem 16. und 29. September [1912] war Hofmannsthal auf Schloß Gandegg im Eppan, als Lecture erwähnt er Eichendorffs ›Taugenichts‹ – zwei Jahre zuvor, im Juli 1910, hatte er die Dichtung gelesen und sie in die ›Deutschen Erzähler‹ aufgenommen. (›Im *Eichendorff* wieder das Beglänzte, Traumüberhangene, das Schweifende, mit Lust Unmündige im deutschen Wesen, worin etwas Bezauberndes ist, das aber ein Maß in sich haben muß, sonst wird es leer und abstoßend.‹)« Drei zusammenhängende Blätter des Szenariums, alles Überlieferte, teilte Rudolf Hirsch erstmals mit:

TAUGENICHTS

1ter Act.

I. Vor einem Jagdschlösschen im Wienerwald. Mondnacht und früher Morgen vor der Auerhahnbalz. Schlösschen erleuchtet. Alter Jäger heraus, auf Socken horcht. Jägerbursch zu ihm, leise: Ja er balzt, ein schöner grosser Hahn. Alter Jäger ins Haus melden, junger hinter einen Baum. Taugenichts kommt aus dem Wald, freut sich über das mondhelle Lichtung, das erleuchtete Haus. Setzt die Geige an. Die Gräfin am Balcon. T. tut einen feinen Geigenstrich. Sie horcht. Jägerbursch springt vor, alter Jäger ist in der Tür: sie lauschen. Taugenichts versteckt sich. Der junge: dort hinten balzts! Der alte: da vorn rührt sich auch was. T. verhält sich still. Graf Gräfin, der Förster und die Zofe als Jägerbursch aus dem Haus, an T's Versteck vorbei; in der Richtung auf den Hahn, alle schleichend, anspringend. Alter Jäger: leise! leise! (steht auf der Schwelle) Wie die Gräfin am Busch vorbei kommt: spielt T. leise leise, immer weiter. Zofe (zur

Gräfin) – jetzt stehen sie –. Da ist einer! Die vorderen: weiter! sie springen weiter. Der alte Jäger ins Haus, drinnen lö-
schen die Lichter aus. Jäger macht die Laden zu. T. spielt gefühlvoll. Geräusch macht ihn wach. Jäger wütend, verweist
ihn zur Ruhe. Morgen erhellt sich. T. spielt ein lustiges
Stückel tanzt ab, wandert weiter.

II. Hof bei der Birn. Kinder. Anna bügelt. T. von seinem
Fenster, versucht sie zu sehen. Alter Harfenist, Schirm über
den Augen. T. begleitet ihn auf der Geige. Anna schliesslich
in den Hof, T. auch. –

II.

Dorfplatz. Estrade für die Herrschaften. Musikanten.
Tisch der Honoratioren. Transparent. Die Burschen u Mäd-
chen, getrennt Herrschaften kommen, Taugenichts im Ge-
folge Ceremonien. T. erkennt Anna, will sich ihr nähern.
Anna verneigt sich, tritt weg.
Herrschaften hinübergeleitet, T. hinüber. Eröffnen des Tan-
zes: 2 Paare Gräfin an ihren Platz geführt, Graf zu Anna.
Tanz der Männer u Frauen, worunter auch Graf u Anna.
Diese treten erhitzt zur Seite, Tanz geht stärker weiter.
Schluß des Tanzes (Ite Hälfte) Aufbruch der Herrschaften.
Die Buben und Mädeln trinken. T. bietet Anna zum Trinken. Sie weigert sich. T. geht trotzig weg. Anna ihm nach T.
dreht sich lustig um. Die 4 Bursche hinter Anna her. Anna
gibt ihnen die Hände zu dem Tanz.

Hinten zeitweise Leute mit Cartons eilig die Treppe hinauf.
Anna u T. fröhlich verliebt. Zofe auf der Stiege: erkennt T.
winkt ihm. Er: wo hab ich sie gesehen? Harfenist ab. Anna
u T.: ernsteres Spiel. Die Gräfin mit der Zofe im Fenster: die
Zofe wirft was herunter. T. verloren in den Anblick der
Gräfin, entzückt, geigt für sie. Anna geht bügeln, sieht nicht
wie die Zofe jetzt T. herbeiwinkt. Anna kämpft mit sich:
bügeln oder sehen wo er ist.

III. Die Gräfin beim Ankleiden. Eine spanische Wand.
Viele Schachteln. Der Graf lässt sich melden. Coquette
Scene. Währenddem mehr Schachteln gebracht. Auch leere
Koffer, ungepackt. Jungfer holt T. Er entzückt über die Gräfin. Er schüchtern, hascht nach einem Band, will bei der Toi-
lette helfen. Der Graf zurück: man läßt T. in einen Kasten
treten, in dem viele schöne Kleider hängen. Instinctiv wird
er eingeschlossen. Graf verzweifelt über die vielen Ein-
käufe. Beschwichtigende Musik aus dem Kasten. Interesse
des Grafen. Graf setzt sich um die Musik zu geniessen.
Kasten verstummt. Graf will ans Schloss: man hält ihn ab.
Zofe durch Klopfen macht die Musik wieder spielen
u.s.f. Schliesslich Taugenichts herausgelassen, spielt Graf u
Gräfin zwischen den Schachteln zum Tanz, indessen Zofe
packt. Anna mit Wäsche; giebt Wäsche ab: es ist kein Platz,
sieht die Tanzenden, sieht T. –
Anna wieder ab. T. dem Gefolge der Herrschaften atta-
chiert

Hugo von Hofmannsthal: Taugenichts. In: Rudolf
Hirsch: Zu Zwei Tanzdichtungen Hofmannsthals.
In: Hofmannsthal Blätter 6 (1971) S. 418–420. –
Mit Genehmigung von Rudolf Hirsch und der
S. Fischer Verlag GmbH, Frankfurt am Main.

Hofmannsthals Entwurf war für die Tänzerin Grete Wie-
senthal gedacht, mit der er über den Entwurf korrespon-
dierte. Unter ihrem Namen erschien dann 1930 in Wien
(Universal-Edition Nr. 9336) eine neue Bearbeitung unter
dem Titel: *Der Taugenichts in Wien*. Ballett von Grete Wie-
senthal. Musik von Franz Salmhofer.
THOMAS MANN (1875–1955) stellt in seinen 1918 publizierten *Betrachtungen eines Unpolitischen* die politische Unschuld des Eichendorffschen Taugenichts und die romantische Fundierung dessen Deutschtums dar. Er hat sich später
von dieser – gegen seinen Bruder Heinrich, den »Zivili-
sationsliteraten« französischen Typs, gerichteten – Publikation vorsichtig distanziert und den Text in seine Sam-
melausgaben nicht aufgenommen. (Erst nach seinem Tode

*Titelvignette einer von Emil Preetorius illustrierten
Taugenichts-Ausgabe, München 1914*

veröffentlichte Erika Mann 1956 den ungekürzten Text erneut.) Wir zitieren einige auf den *Taugenichts* bezogene
Passagen:

»Wenn ich aber nun zurücktrete; wenn ich das Lied vom
›Geiste‹, das ich früh, versuchsweise und ironisch gedämpft,
vor mich hinsummte, in politisch organisiertem Chorus
nicht mitsingen mag und kann; wenn ich, dessen ethische
Symbolik augenblicklich zu einer gewissen nationalen
Aktualität gelangt ist, bald sehr allein stehen werde, ohne
Anhang und ›Anschluß‹, ein Unorganisierter, Außenseiter
und ›Taugenichts‹: nun, so ist mir, als könnte mit solcher
untugendsamen Einsamkeit und Vergessenheit ein ganz

neues Behagen verbunden sein, eine neue Freiheit, Unverantwortlichkeit und Boheme, etwas wie ein neuer Galgenhumor und Übermut, ein Zustand, ganz ähnlich jenem dunklen, freien, frühen, wo der Name noch nicht der Welt zur Beute geworden, und wo man, überzeugt, ein unmöglicher Bursche zu sein, seine besten Sachen machte. Wer sagt dir, daß es nicht eben dies ist, was ich will und suche?

[...] was fange ich an mit dem Geschrei nach Politisierung der Kunst und was mit der unverschämten und blödsinnigen Unterscheidung zwischen dem ›Privatdichter‹ und dem ›Verantwortlichen Dichter‹, die vorzunehmen man heute beliebt? Wo ist der abgeschmackte Tor, der glaubt, ein produktiver Trieb könne je unsozialen, antisozialen Wesens sein? Der Neid des produktiven Menschen auf den rezeptiv-müßigen, sein Verachtungsgefühl gegen ihn, seine Unfähigkeit, auch nur zu verstehen, wie man rezeptiv-müßig leben mag und kann: beweist denn das nicht den sozial-moralischen Sinn des produktiven Triebes?

[...] So eröffne ich dieses Kapitel [»Von der Tugend«] mit der Betrachtung eines alten, deutschen – der Augenblick zwingt mich hinzuzufügen: *auch noch* deutschen Buches, das der Tugend, wie ich sie verstehe und wie sie heute durchaus verstanden werden muß, der *politischen* Tugend also, in einem wahrhaft liederlichen Grade enträt: nämlich so, daß es nicht nur nichts davon wissen will (das wäre noch keine Willenlosigkeit), sondern tatsächlich rein gar nichts davon weiß und sich also auf eine heute schlechthin verblüffende Weise im Stande politischer Unschuld und Ruchlosigkeit befindet: ich meine den ›Taugenichts‹, Joseph von Eichendorffs wundersam hoch und frei und lieblich erträumte Novelle, die wir alle in unserer Jugend gelesen haben, und von der uns allen all die Zeit her ein feiner Saitenschlag und Glockenklang im Herzen nachgeschwungen hat.

[...] der Roman ist nichts weniger als wohlerzogen, er entbehrt jedes soliden Schwergewichts, jedes psychologischen
Ehrgeizes, jedes sozialkritischen Willens und jeder intellektuellen Zucht; er ist nichts als Traum, Musik, Gehenlassen,
ziehender Posthornklang, Fernweh, Heimweh, Leuchtku-
gelfall auf nächtlichen Park, törichte Seligkeit, so daß einem
die Ohren klingen und der Kopf summt vor poetischer Ver-
zauberung und Verwirrung. Aber er ist auch Volkstanz im
Sonntagsputz und wandernde Leierkasten, ein deutsch-ro-
mantisch gesehenes Künstler-Italien, fröhliche Schiffahrt einen schönen Fluß hinab, während die Abendsonne Wälder
und Täler vergoldet und die Ufer von Waldhornklängen
widerhallen, Sang vazierender Studenten, welche »die Hüt'
im Morgenstrahl schwenken«, Gesundheit, Frische, Einfalt,
Frauendienst, Humor, Drolligkeit, innige Lebenslust und
eine stete Bereitschaft zum Liede, zum reinsten, erquik-
kendsten, wunderschönsten Gesange ... Ja, die Weisen, die
da erklingen, die überall eingestreut sind, als sei es nicht
weiter viel damit, – es sind nicht solche, die man nur eben
in Kauf nimmt, es sind Kleinode der deutschen Lyrik, hoch-
berühmt, unserm Ohr und Herzen alt und lieb vertraut;
hier aber stehen sie an ihrem eigentlichen Platze, noch ganz
ohne Ruhmespatina, noch nicht eingegangen in den Lieder-
schatz der Jugend und des Volkes, frisch, erstmalig und na-
gelneu: Dinge wie »Wohin ich geh und schaue«, oder jenes
»Wer in die Fremde will wandern« mit dem Endruf »Grüß
dich, Deutschland, aus Herzensgrund!«, oder »Die treuen
Berg' stehn auf der Wacht«, und dann die Zauberstrophe,
die eine als wandernder Maler verkleidete Frau zur Zither
auf dem Balkon in die warme Sommernacht singt; die, wie
jedes der Lieder, auf noch prosaischem Wege musikalisch
vorbereitet wird – »Weit von den Weinbergen herüber hörte
man noch zuweilen einen Winzer singen, dazwischen blitzte
es manchmal von ferne, und die ganze Gegend zitterte und
säuselte im Mondschein« –, und die nun freilich nicht mehr
volkstümlich ist, sondern ein non plus ultra, eine betörende
Essenz der Romantik, –

Schweigt der Menschen laute Lust:
Rauscht die Erde wie in Träumen
Wunderbar mit allen Bäumen,
Was dem Herzen kaum bewußt,
Alte Zeiten, linde Trauer,
Und es schweifen leise Schauer
Wetterleuchtend durch die Brust.

[...]
Der Charakter des Taugenichts ist folgender. Seine Bedürf-
nisse schwanken zwischen völligstem Müßiggang, so daß
ihm vor Faulheit die Knochen knacken, und einem vag-
erwartungsvollen Vagabundentriebe ins Weite, der ihm die
Landstraßen als Brücken – über das schimmernde Land sich
fern über Berge und Täler hinausschwingende Brücken
zeigt. Er ist nicht allein selber nutzlos, sondern er wünscht
auch die Welt nutzlos zu sehen, und als er ein Gärtchen zu
bewirtschaften hat, wirft er Kartoffeln und anderes Gemüse, das er darin findet, hinaus und bebaut es zum Be-
fremden der Leute ganz mit erlesenen Blumen, mit denen er
allerdings seine hohe Frau beschenken will und die also
wohl einen Zweck haben, aber nur einen unpraktisch-emp-
findsamen. Er ist von der Familie der jüngsten Söhne und
dummen Hänse des Märchens, von denen niemand etwas
erwartet und die dann doch die Aufgabe lösen und die Prin-
zessin zur Frau bekommen. Das heißt, er ist ein Gottes-
kind, dem es der Herr im Schlafe gibt, und er weiß das
auch; denn als er in die Welt zieht, wiederholt er nicht sei-

---

»Preetorius hat diese Figur wundervoll verstanden und wie-
dergegeben. Sie ist nur zwei Zoll hoch auf seinen Zeichnungen, aber voll von poetischem und symbolischem Leben«, so
urteilte Thomas Mann über die von Emil Preetorius illustrierte Taugenichts-Ausgabe, München 1914

nes Vaters Wort vom Broterwerb, sondern erklärt leichthin, er gehe, sein Glück zu machen.

[...] Er ist ein Künstler und ein Genie, – was nicht seine eigene Behauptung noch die des Dichters ist, aber durch seine Lieder zur schönsten Evidenz erwiesen wird. Gleichwohl hat sein Wesen nicht den geringsten Einschlag von Exzentrizität, Problematik, Dämonie, Krankhaftigkeit. Nichts ist bezeichnender für ihn, als sein »Grausen« vor den wildschönen und überspannten Reden des Malers in dem römischen Garten, eines Bohemiens von dekorativem Gebaren, der mit grotesker Lustigkeit von Genie und Ewigkeit, von »Zucken, Weintrinken und Hungerleiden« gemäßigt. Er ist Mensch, und er ist es so sehr, daß er überhaupt nichts außerdem sein will und kann: eben deshalb ist er der Taugenichts. Denn man ist selbstverständlich ein Taugenichts, wenn man nichts weiter prästiert, als eben ein Mensch zu sein. Auch ist sein Menschentum wenig differenziert, es hat etwas Abstraktes, es ist bestimmt eigentlich nur im nationalen Sinne, – dies allerdings sehr stark; es ist überzeugend und exemplarisch deutsch, und obgleich sein Format so bescheiden ist, möchte man ausrufen: wahrhaftig, der deutsche Mensch!

[...] ein in seiner Anspruchslosigkeit rührendes und erheiterndes Symbol reiner Menschlichkeit, human-romantischer Menschlichkeit, noch einmal denn: des deutschen Menschen.

Thomas Mann: Betrachtungen eines Unpolitischen. Frankfurt a.M.: Fischer Bücherei, 1968. (Das essayistische Werk. Hrsg. von Hans Bürgin. Politische Schriften und Reden. Bd. 1.) S. 163, 234, 279 bis 284. – © 1960, 1974 S. Fischer Verlag GmbH, Frankfurt am Main.

Der Vergleich mit der deutschen Seele, der im National-sozialismus so fatale Eichendorff-Fehlinterpretationen her-vorrief (vgl. S. 81–85 des vorliegenden Bandes), beruht bei den Dichtern kaum auf einer genauen Analyse besonderer deutscher Gegebenheiten. Bereits die Rezension von Willi-bald Alexis (vgl. S. 57 f. und 62 f. des vorliegenden Bandes) deutete ja das Lebensgefühl des Taugenichts auch als öster-reichisches – im Gegensatz zum norddeutschen. Die Dich-ter identifizieren sich also nicht mit dem ›typischen Deut-schen‹, sondern mit dem Lebensgefühl des ›vagabundieren-den Künstlers‹, des beschaulichen, von allen Pflichten des bürgerlichen Alltags losgelösten ›freien‹, offenen Menschen. Mit der Realität in Deutschland und dem Charakter der Mehrzahl seiner Bewohner hat dieses Leitbild eines na-turverbundenen ›Aussteigers‹ wenig zu tun. Es ist das Wunschbild einer Künstlerexistenz, das gerade die extrem gebundene, geordnete Gesellschaft preußischen Typs als *Gegenbild* zum pflichttreuen, fleißigen Bürger in Deutsch-land hervorbringt. In den Jahren bis zum Zweiten Welt-krieg war der Taugenichts in diesem Sinne eine der Leitfigu-ren auch für Teile des Bildungsbürgertums, das bereits in der Schule mit dem Text vertraut wurde. 1912 gehörte das Bändchen mit dem *Taugenichts* zur ersten Füllung von Reclams Bücherautomaten.

Resonanz in der Dichtung zeigt sich vor allem in den zahl-reichen ›neuromantischen Seelenvagabunden‹ (vgl. Her-mand). Zu ihnen gehört auch Hermann Hesses *Knulp* (1915), und es wundert nicht, daß HESSE Eichendorffs *Taugenichts* zu den »Vollkommenheiten der Weltliteratur« zählt:

»Es gibt ein kleines altes Buch, das heißt *Aus dem Leben ei-nes Taugenichts* und ist von Eichendorff. Die Literaturhi-storiker, die es einige Jahrzehnte lang gelobt, dann ebenso-lang gänzlich verachtet hatten, geben heute mit Einschrän-kungen zu, daß es immerhin etwas sehr Hübsches sei. Junge Leute lesen das Büchlein auch heute noch mit Eifer und tra-gen es auf Reisen in der Brusttasche [...]. Daß dieser ›Tau-

genichts‹ eine von den paar kleinen Vollkommenheiten der
Weltliteratur ist, eine von den allerreifsten, allerzartesten, al-
lerköstlichsten Früchten am Baum der bisherigen Menschheit, das hat man noch nirgends gelesen, und doch ist es so.«

Hermann Hesse: Robert Walser. »Poetenleben«
(1917). In: H. H.: Gesammelte Werke. Werkaus-
gabe in 12 Bänden. Bd. 12: Schriften zur Literatur
2. Ausgew. und zsgest. von Volker Michels. Frankfurt a. M.: Suhrkamp, 1970. S. 460 f. – © 1970 Suhrkamp Verlag, Frankfurt am Main.

Entgegen solch universalen Deutungen hält die Literaturwissenschaft zwischen den Weltkriegen an der Identifikation Eichendorffs und seines Helden mit dem »deutschen
Wesen« fest. So weist WILHELM KOSCH im Vorwort zur hi-
storisch-kritischen Ausgabe der Werke Eichendorffs (datiert
auf Ostern 1921) sehr nachdrücklich auf eine nationale
Note hin, die er besonders an Pflicht- und Ehrbegriffen
festmacht, die Eichendorff repräsentiert habe:

»Eichendorff ist nicht nur der populärste, sondern auch der
deutscheste der deutschen Dichter. In ihm spiegelt sich der
alte Geist des deutschen Volkes am reinsten wider; deutsches Glauben, Hoffen und Lieben, das deutsche Gemüt,
der aufrechte deutsche Mannesstolz, die innige deutsche
Naturfreude, Kindlichkeit, Sehnsucht. Alles, was die Welt
am Deutschen liebt, verkörpert er; ein Ritter ohne Furcht
und Tadel steht er vor uns da.
Eichendorff entstammte einem Gebiete Preußens, das erst
in der letzten Generation die 18. Jahrhunderts dem kühn
aufstrebenden jungen Königreich zugefallen war. In den
Wäldern Oberschlesiens stand seine Wiege. Lange noch zitterte ein leises Heimweh nach dem alten Deutschland, dem
alten Österreich, der alten Kaiserstadt in seinem Herzen
nach. So läßt er seinen ›Taugenichts‹ beim Eintritt in die
österreichischen Erblande jubeln: ›Und an der Grenze ruf'
ich gleich, Vivat Österreich!‹ Aber über die Farben des
Grenzpfahls erhob sich seine unbegrenzte, urdeutsche Gesinnung. Dabei war und blieb Eichendorff als überzeugter
pflichtbewußter Katholik lebenslang ein selbstloser Diener

seines Königs, ein eifriger Beamter des preußischen Staates und starb in aller Schlichtheit als wahrhaft preußischer Edelmann.«

HKA 1,1. S. VIIIf.

1932 hebt Benno von Wiese in einer Nürnberger Rede das feinfühlig-poetische des ›Taugenichts‹ hervor; ihm erscheinen gerade diese Eigenschaften ›restlos deutsch‹:

»Aus dem Leben eines Taugenichts. Nur eine kleine Novelle, fast ein Märchen, aber doch so vollendet, so endgültig in ihrer Art, daß nichts mehr hinzuzusetzen bleibt, eine Prosa, die doch ganz Poesie wurde, reine Innigkeit, sanftes Verschweben, Lied und Heimat. Sie alle kennen ihren Zauber, der sich nicht zergliedern läßt, ihre warme Seligkeit, mit der diese kleine, heitre Dichtung uns, schon von den Zeiten der Kindheit an, erfreute und beglückte.
Versuchen wir, uns das unbeschreibliche Etwas zu vergegenwärtigen, das diese Geschichte unsterblich gemacht hat. Ist es ihre Fabel, ihr Inhalt? Sicher nicht.
[...] was hier Eichendorff etwa von Tieck, Jean Paul und E. T. A. Hoffmann unterscheidet, ist die Verwandlung des Alltäglichen in Poesie. Von kaum einem deutschen Dichter läßt sich sagen, daß er so ganz Gemüt, stilles, liebevolles Schauen gewesen ist wie Eichendorff, kaum einer, der so restlos deutscher Dichter gewesen ist und nur von deutschen Voraussetzungen verstehbar wie Eichendorff. Er braucht das Romantische nicht erst zu suchen. Die Poesie liegt ihm nicht jenseits der Erscheinungen, ist nicht ein Bereich des Absonderlichen, Seltsamen, Exotischen, geheimnisvoll Entrückten. Die blaue Blume der Romantik wächst ihm in der Landschaft der Heimat entgegen.«

Benno von Wiese: Rede über Eichendorff. In: Zeitschrift für deutsche Bildung 9 (1933) S. 71 f.

In der Folgezeit versuchen nationalsozialistische Literaturkritiker, das Taugenichts-Leitbild für die eigene Ideologie des »deutschen Menschen« fruchtbar zu machen. Da ein poetisches Lebensgefühl dafür aber tatsächlich nicht taugt, werden Pflichtbewußtsein und ›schöpferisches Streben‹ auf die Person Eichendorffs projiziert.

Die 1937 in Danzig erschienene Dissertation von WALTER HILDENBRANDT, die den bezeichnenden Titel trägt: *Eichendorff, Tragik und Lebenskampf in Schicksal und Werk*, geht nur kurz auf den *Taugenichts* ein und formuliert unter der Überschrift »Eichendorffs dichterisches Vermächtnis und die Gegenwart« die Ansätze eines deutschen Sendungsbewußtseins.

»Immer wieder hat man behauptet, im ›Taugenichts‹ sei das Motiv des Müßiganges zum Daseinsprinzip erhoben worden, so Minor, Kluckhohn und v. Grolman. Aber man darf hier Eichendorff nicht falsch verstehen; erst Heinz Kindermann hat dies einmal richtiggestellt. ›Eichendorffs scheinbar unbekümmerter Wanderertyp, es ist der bewußte Gegensatz des Philisters und nicht der Gegentyp des Pflichtmenschen! Jeder Pflichtmensch, will Eichendorff uns damit sagen, soll in seinem Herzen auch Raum haben für diese innere Freiheit und für diesen weltweiten Horizont des Sehnsuchtsmenschen, weil er sonst dazu verurteilt wäre, seelisch zu verdorren!‹ [...]

Eichendorffs Welt- und Lebensgefühl kann als überzeitliche, allgegenwärtige Bewußtseinshaltung deutschen Wesens gelten; niemals aber war das Bekenntnis zu diesem allgegenwärtigen Genius Eichendorff so stark wie in der Gegenwart. Die Eichendorff-Renaissance unserer Tage, die den Anstoß gab zu einem neuen Begreifen seiner schöpferischen Gesamtpersönlichkeit, sie entdeckte zum ersten Male den ganzen Eichendorff in seiner überragenden Größe. Von dem Gestrüpp von Mißverständnissen und Vorurteilen befreit, steht er nun rein und makellos vor uns, anfeuernd, warnend und verpflichtend.«

Walter Hildenbrandt: Eichendorff. Tragik und Lebenskampf in Schicksal und Werk. Diss. Danzig 1937. S. 46 f., 90.

Eine derartige Kanonisierung Eichendorffs zum volkstümlich-nationalen Dichter betreibt auch der »Jahresbericht der Deutschen Eichendorff-Stiftung und des Deutschen Eichendorff-Museums für 1941 (Erstattet von KARL WILLI MOSER)«, abgedruckt in der Zeitschrift Aurora (seinerzeit Jahresgabe der Eichendorff-Stiftung):

»Das Museum erfreut sich indeß eines regen Besuches. Die Besucher haben zwar meist ihr Äußeres geändert: schlichtes Feldgrau herrscht jetzt vor, benagelte Stiefel hallen durch die Räume. Die Freude an dem Geschauten ist um so größer, der Gedankenaustausch noch reger geworden. Davon erzählt uns ein Stimmungsbild des Kustos in der Schlesischen Landespost v. 2. 7. 41:

›Sinnend betrachte ich am Fenster die beginnende Abendstimmung rings um das Eichendorffhaus. Da unterbricht straffer Marschtritt die Stille des Abendfriedens: da kommen Soldaten die Eichendorffstraße herauf. Schon bleiben sie vor dem Hause stehen, ihr Führer bittet um Einlaß in das Eichendorff-Museum. Es sind Angehörige einer Genesungskompanie. Wird diesen braungebrannten Männern nach ihrem großen Erleben an der Front die Welt Eichendorffs etwas zu sagen haben?
Da stehen sie um mich geschart im Karl-von-Eichendorff-Zimmer. Eichendorff, ein Kämpfer? Ich denke, ein Träumer, ein Nichtstuer, ein ,Taugenichts‘. Sein Jugendroman ,Ahnung und Gegenwart‘ – er ist 1812 vollendet – belehrt uns schon eines anderen: Denn, wie die Erze vom Hammer –. Immer wärmer werden die Soldaten, ja, auch sie haben den deutschen Eichendorff verkannt. Im Empire-Zimmer entführen uns Einrichtung und Ahnenbilder in die stolze Familiengeschichte der Eichendorffs, deren männliche Vertreter zu allen Zeiten mit dem Schwerte ihrem Vaterlande dienten. Konnte der Dichter da anders sein? Eichendorff, ein weichlicher Träumer? Nein, ein Kämpfer! Ein unermüdlicher, seinem Volke verantwortlicher Kämpfer für deutsche Einigung, ein Streiter mit

Schwert und Feder, ein Wegbereiter unserer großen Gegenwart im Dritten Reich.
Laut schallen die Schritte deutscher Soldaten durch das Treppenhaus. Den dankbaren Händedruck der Scheidenden spüre ich noch lange in meiner Rechten. Ich weiß, Eichendorff geht mit ihnen:

> Und wo immer müde Fechter
> Sinken im mutigen Strauß,
> Es kommen frische Geschlechter
> Und fechten es ehrlich aus.‹«

Karl Willi Moser: Jahresbericht der Deutschen Eichendorff-Stiftung und des Deutschen Eichendorff-Museums für 1941. In: Aurora 11 (1942) S. 71.

Die ›deutsche‹ Vereinnahmung Eichendorffs wird schließlich bei festlichen Anlässen zur Schaffung eines nationalen Gemeinschaftsgefühls benutzt. Der nationalsozialistische Politiker und zeitweilige Reichsleiter BALDUR VON SCHIRACH führte als Schirmherr der Deutschen Eichendorff-Stiftung bei der »Eichendorff-Woche 1942« in Kattowitz aus:

»Der Höhere, dem er [Eichendorff] zeitlebens mit deutscher Frömmigkeit anhing, hatte ihn zu einem der größten *lyrischen* Dichter unseres Volkes bestimmt, *das war seine Sendung, sie hat er erfüllt.*
Der *Taugenichts* ist darum nicht weniger unserem Volk eine geliebte und vertraute Gestalt. Ist auch dieses Kind des Glückes und der Natur eine durchaus lyrische Erscheinung, so besitzt sie doch mehr Leben und Wahrheit, als manche von größeren Dramatikern geschaffene heldische Verkörperung einer dichterischen Eingebung.
[...] Er ist ein Stück der Natur. Und wie der Wald selbst, der in unseren Gemütern aufrauscht, da wir seinen Namen vernehmen, ist auch er immer gleich: romantisch in der prächtigen Sommernacht, andachtsvoll, eine Heimat der Sehnsucht. Einfach der Mensch, einfältigen Herzens, rein

und klar wie seine verschlafenen Brunnen. *Er ist der lauter-*
ste. Und: Wie die Natur, ist er der Seele ein Friede.
Der Wälder sind viele im weiten Deutschen Reich, aber es
gibt nur einen deutschen Wald, den des Josef Freiherrn von
Eichendorff.«

> Baldur von Schirach: Ansprache, gehalten am
> 26. November 1942 in Kattowitz. In: Aurora 12
> (1943) S. 6 f., 10. – Mit Genehmigung des Bayeri-
> schen Staatsministeriums der Finanzen, München.

Die Aurora berichtet weiter von der Festwoche:

»*5. Tag: Sonntag, 29. XI. – Kattowitz.*
Bewies die Übernahme der Schirmherrschaft der 2. Eichendorff-Woche durch Baldur von Schirach, daß Eichendorff,
der ewig junge, gerade zu unserer Jugend gehört, so zeigt
die *Morgenfeier der HJ.* am Sonntag vormittag, daß diese
selbst die Bedeutung Eichendorffs erkannt hat.
›Mit einer eindrucksvollen Morgenfeier im Kattowitzer
Opernhaus bekannte sich die oberschlesische Hitler-Jugend
zu den ewigen Werten der deutschen Seele und des deutschen Gemüts, die sich in dem größten Dichter ihrer Heimat, in J. v. Eichendorff, verkörpern. [. . .]‹«

> Aurora 12 (1943) S. 75, 78.

Der Nachkriegsgermanistik gelang es, sich mit differenzier-
ten werkimmanenten Interpretationsansätzen von Verall-
gemeinerungen und Vereinnahmungen zu lösen. Es war
besonders Richard Alewyn, der die religiösen und tiefen-
psychologischen Schichten der Texte Eichendorffs in genauen Stilanalysen aufdeckte und damit das oberflächliche
Bild des Wander- und Heimatdichters Eichendorff revi-
dierte (vgl. Richard Alewyn: »Eine Landschaft Eichendorffs« [1957], in: Klaus Peter [Hrsg.]: *Romantikforschung*
seit 1945, Königstein i. Ts. 1980, S. 85–102). Schon vorher
(1953 englisch und 1956 deutsch) hatte Oskar Seidlin diesen Ansatz in einem Aufsatz zum *Taugenichts* vorgetragen:

»Geographie als Theologie, Landschaft, die Stadt Rom und die Heide, als Bild des Heils und der Unerlöstheit – das ist das Ergebnis unserer Stilanalyse. Und in dieser metaphysischen Landschaft, dieser Metaphysik als Landschaft bewegt sich der Wanderer, der brave Taugenichts. Wie brav er ist! Die irdische Welt, das Totental mit seinen seelenlosen, einsamen Körpern, kann ihn nicht verwirren. Er hält gewissermaßen die Augen geschlossen und geht blindlings immer gerade fort. Der kleine Taugenichts als Glaubensritter – man höre nur den Satz, mit dem wir aus der Spukwelt der Objekte zurückkehren zum lebendigen Ich. *Aber ich ging immer gerade fort und ließ mich nichts anfechten.* Der Satz klirrt, als hätte er eine Rüstung angezogen, er klirrt mit seiner Überfülle an hellen Vokalen, auf denen die Akzente liegen, wir hören kaum einen anderen Klang als das scharfe, schneidende *i*.

[. . .] Ebenso wie der Taugenichts festen und unbeirrten Schrittes durch die Heide marschiert, so marschiert dieser Satz, der von ihm erzählt, klirrend und spröde in unserem Text.

Wir sind am Ziel: der Wanderer ist am Ziel. Denn wer so unangefochten, so geraden Schrittes, die Heide, die Heidenheide, durchquert, dem winkt die Stadt. Jetzt ist sie da, nicht mehr versteckt unter einem Nebelstreif, nicht ein Traum aus Kindertagen, sondern wirklich. Kein Traum mehr, und doch nichts anderes als der Traum. Denn was das unschuldige Kind einst in seiner Phantasie gesehen hat, das ist das wirkliche Bild der Gottesstadt, die nun erreicht ist. Am Ziel ankommen heißt nichts anderes: als den Traum der Kindheit verwirklichen. Die Tore und die goldenen Türme, die schon einmal da waren, sind jetzt wieder da, und sie sind jetzt da, weil sie schon immer da waren. Denn die Stadt – wer möchte sie jetzt noch Rom nennen? – steht nicht im Hier und Heute, sondern im Dort und Immer. Ankunft ist nur die Rückkehr ins Kinderparadies.«

Oskar Seidlin: Der Taugenichts ante portas. In: O. S.: Versuche über Eichendorff. Göttingen: Vandenhoeck & Ruprecht, 1965. S. 29 f. – © 1965 Vandenhoeck & Ruprecht, Göttingen.

Ein ausführliches Eichendorff-Kapitel enthält auch die 1953 erschienene Arbeit des Philosophen OTTO FRIEDRICH BOLLNOW. Der *Taugenichts* wird hier getrennt vom lyrischen Werk behandelt und als Mensch des Biedermeier verstanden. Unter der Überschrift »Die Isolierung der Kunst« heißt es im letzten Kapitel:

»Erst der Biedermeier Eichendorff konnte überhaupt die Poesie des Wanderns entdecken, des zweckfreien Streifens durch Wälder und Täler als Gegengewicht gegen die Nöte und Sorgen des Alltags. Denn für die eigentliche Romantik war das Reisen eine viel zu ernsthafte Angelegenheit. Erst Eichendorff konnte ihm die entzückende Leichtigkeit des Feriendaseins geben. Und in diesem Zusammenhang steht auch die erfreulichste seiner Gestalten, der ›Taugenichts‹, der bei der bisherigen auf das Grundsätzliche gerichteten Darstellung so unverdient abseits stehen mußte. Für den eigentlichen Romantiker, der früheren wie der späteren Gruppe, wäre er viel zu unverbindlich, und ihr Held würde viel schwerer und problemgeladener ausfallen. Selbst wenn sie sich, wie in Friedrich Schlegel, zum Lobredner der Faulheit macht, wird auch der Müßiggang für sie eine ernsthafte Lebensentscheidung. Erst die biedermeierhafte Form der inselhaft vom sonstigen (religiösen, politischen und wirtschaftlichen) Leben abgelösten Romantik ermöglicht die schwerelose Ferienhaftigkeit, die den unvergleichlichen Reiz dieser Welt ausmacht.«

Otto Friedrich Bollnow: Unruhe und Geborgenheit im Weltbild neuerer Dichter. Acht Essays. Stuttgart: Kohlhammer, 1953. S. 259. – Mit Genehmigung von Ortrud Bollnow, Tübingen.

Benno von Wiese, der sich 1933 recht undifferenziert zum *Taugenichts* geäußert hatte (vgl. S. 81 des vorliegenden Bandes), entwickelt 1956 im Rahmen seiner Interpretationssammlung *Die deutsche Novelle von Goethe bis Kafka* eine ausführliche Deutung der Novelle. Einige Auszüge:

»Problemdichtung ist der ›Taugenichts‹ allerdings in keiner
Weise. Aber man wird doch in dem starken Übergewicht
der ›Stimmung‹ und in der Nähe des Erzählten zu Lyrik
und Musik einen gerade für die spätere Romantik charakte-
ristischen Grundzug sehen müssen. Noch fehlt hier jedes
Verhältnis zur Welt als einem eigenständigen, fest begrenz-
ten und klar gegliederten Raum, in dem der Mensch sich
sammelnd, forschend, pflegend und besorgend bewegt. Was
Welt ist und was Welt bedeutet, wird immer nur von der
Seele aus sichtbar, in jenen Stimmung gewordenen Bildern,
die sich durch die Geschichte hindurchziehen, ja, die Geschichte selber sind. [...]
Der ›Taugenichts‹ ist eine typische Ich-Erzählung. Wir erleben die Welt nur in der Spiegelung dieser *einen* Seele, nicht
in dem gedanklichen Spiegel der Reflexion, sondern in dem
gemüthaften der Stimmung, sei es heiter sonntäglich – »Mir
war es wie ein ewiger Sonntag im Gemüte« –, sei es schwär-
merisch verträumt, sei es in gedämpfter oder auch wilder
Schwermut.
[...] er ist keineswegs eine idealisierte Gestalt, aber er hat
eine natürliche Gutheit, alles Zweideutige, Intrigierende,
Berechnende oder Gemeine liegt gänzlich außerhalb seines
Wesens. Er hat einen ursprünglichen Adel der Seele, eine
Vornehmheit von Natur, die so naiv ist, weil er selber nicht
im geringsten darum weiß. Auch sein Mangel an Verstand
wird in diesem romantischen Raum zu einem Vorzug, weil
gerade der praktische Verstand eines Portiers sich den Blick
auf die eigentliche Welt bereits verstellt hat und nicht mehr
imstande ist, diese als eine ursprüngliche, als eine von Gott
geschaffene Welt wahrzunehmen. Das ist nur auf eine närrische, poetische Weise möglich. Reinheit der Seele, Kindlichkeit, Torheit und poetische Teilhabe an der Welt sind hier
unmittelbar miteinander identisch. Sie charakterisieren den
Taugenichts als den Künstler, der noch nichts vom ›Schriftsteller‹, vom ›Zerrissenen‹ oder vom ›Problematischen‹ an
sich hat. Das Künstlertum ist etwas Naives, eine Gabe Gottes, und steht in seiner holden Naivität noch jenseits der

Sphäre der Bildung. Aber auch das Pathos einer ›Sendung‹
ist ihm gänzlich fremd. [...]
Der Künstler befindet sich außerhalb der Gesellschaft, er ist
sich selbst genug, kommt aber trotzdem nicht ernsthaft mit
der Gesellschaft in Konflikt. Er hat bereits etwas von einem
Vagabunden, der sich gerne auf der Wanderschaft befindet.
Aber er ist dabei in Gottes Huld und Hand, er lebt sein
ganzes Leben als Geschenk und nicht als Leistung, als Im-
provisation und Eingebung und nicht als ordnendes, ver-
nünftiges Tun. Das ist seine besondere Art von Frömmigkeit. [...]
So liebenswürdig die Gestalt des Taugenichts auch ist,
Eichendorff hat sie dennoch leise ironisiert. Diese zarte Iro-
nie verhindert es, daß die Vorgänge an irgendeiner Stelle
allzu gefühlvoll werden. Die Torheit des Herzens bleibt an-
mutig, aber auch Torheit. In einer Welt, in der das Böse
mächtiger wäre, müßte sie scheitern. Aber gerade das Böse
spielt in dieser Erzählung fast gar keine Rolle. Es verwan-
delt sich für Eichendorff in das Komische, wie zum Beispiel
in der Gestalt des Spions, aber als ›ganz kurz und bucklicht‹
beschrieben wird, mit einem ›großen grauslichen Kopf‹ und
›einer langen römischen Adlernase und sparsamen roten
Backenbart‹, ›die gepuderten Haare standen ihm von allen
Seiten zu Berge, als wenn der Sturmwind durchgefahren
wäre‹. Wenn man mit den Augen des Taugenichts die Welt
sieht, so gibt es in ihr zwar Ängste der Phantasie, aber
nichts eigentlich Böses. [...]
Wanderschaft hat im ›Taugenichts‹ einen positiven und einen negativen Sinn: positiv gesehen ist sie von dem Glücks-
verlangen der Seele getragen, das sich in die große und weite
Welt Gottes hinaussehnt; negativ gesehen meint sie die Gefahr der Ortlosigkeit, der Ungeborgenheit und des Sichver-
lierens. Die Ferne und die Weite, insbesondere das lockende
Italien, hinter dem für Eichendorff immer noch das Heidentum und die heidnischen Götter stehen, könnten den
Taugenichts in das Chaotische hinablocken, wenn die Heimat nicht der bergende Gegenpol bliebe. Diese Spannung

von Heimat und Ferne geht durch die ganze Erzählung hindurch und bestimmt ihren Aufbau.

[. . .] Was für ein Land, dieses Italien, ganz anders als das Italien Goethes! Marmorschwellen und Wasserkünste, Mondschein über den Palästen, Gitarren und lockende, närrische Feste mit fremdländischen Liedern, und auch hier immer wieder Gärten, aber nicht so sehr als Orte der Bergung, sondern phantastischer, verzauberter und auch scheinhafter. Es ist die magisch-ferne, die südlich-heiße und helle Welt, in der das Gemüt die Sehnsucht nach dem Rauschen der deutschen Wälder, nach den fernen blauen Bergen überfällt, die das Herz nicht mehr losläßt, bis es wieder eins ist mit dem Frieden der Heimat.

[. . .] Wohl steigt mit Rom auch die heilige Stadt auf, die Stadt mit den goldenen Kuppeln, die so herrlich im hellen Mondenschein glänzen, ›als ständen wirklich die Engel in goldnen Gewändern auf den Zinnen und sängen durch die stille Nacht herüber‹. Aber hinter Rom lauert das immer noch lebendige, immer noch gefährliche Heidentum; Rom ist die alte, uralte Stadt, von der es heißt, daß hier Frau Venus begraben liegt, [. . .].

Der »Taugenichts« ist eine novellistische Erzählung in der Gestalt eines Glücksmärchens oder, wenn man will, ein Glücksmärchen in der Gestalt einer novellistischen Erzählung. Das konnte in dieser reinen und ungetrübten Form in der deutschen Dichtung nur ein einziges Mal gelingen, und es hat auch keine eigentliche Fortsetzung gefunden.«

Benno von Wiese: Joseph von Eichendorff. Aus dem Leben eines Taugenichts. In: B. v. W.: Die deutsche Novelle von Goethe bis Kafka. Interpretationen. Bd. 1. Düsseldorf: Bagel, 1956. S. 79, 84–86, 94, 96. – © 1982 Cornelsen Verlag, Berlin.

Mit dem Aufkommen der Studentenbewegung kam eine kritische Sicht des *Taugenichts* auf. EBERHARD LÄMMERT setzt sich bereits in der Festschrift für Richard Alewyn (1967) kritisch mit der nationalen und nationalsozialistischen Eichendorff-Rezeption auseinander und schreibt zum *Taugenichts*:

»Eichendorffs ›Ich möcht' am liebsten . . .‹ zieht keinen Erfüllungszwang mehr nach sich. Mit Eichendorff braucht man den Liebestod nicht mehr ernsthaft sterben zu wollen, wie mit dem Sänger der ›Hymnen an die Nacht‹ oder mit Brentanos verzaubertem Schiffer, oder anders mit Körners mystischer Braut, dem Schwert an seiner Linken: Mit Eichendorff darf man die Möglichkeiten der Poesie auskosten und wissen, daß es ferne Möglichkeiten sind und bleiben sollten. Freilich ist dies zugleich ein bedeutungsvoller Schritt in der Richtung eines Daseins auf zweierlei Weise, hin zur Trennung von Lebens-Ideal und Lebens-Wirklichkeit, ein Schritt also, der die Wirklichkeitsfremdheit und den sozialen Anachronismus späterer romantischer Ideologien vorbereiten hilft. Wanderer ›zwischen‹ beiden Welten, und nicht nur Gitarrenwanderer, hat man im 20. Jahrhundert auf diesem Wege in nicht geringer Zahl fortschreiten sehen. [. . .]

Man kann es am ›Taugenichts‹ und an anderen Erzählungen Eichendorffs nachprüfen, wie seine eigenen Helden durch Naturstaffagen, die den Blick wandern machen, und durch bewegte Klänge zu Liedern ermuntert werden, in denen sich die erweckte Stimmung archetypisch vereinfacht und verallgemeinert artikuliert, d. h. so, daß das subjektiv interessante Moment dieser Stimmung ganz zurücktritt. Darum kann es geschehen, daß selbst literarisch gebildete Liebhaber Eichendorffs nicht einer situationsbedingten Stimmung, sondern der puren Wirklichkeit der Dinge in solchen Liedern zu begegnen meinen.«

Eberhard Lämmert: Eichendorffs Wandel unter den Deutschen. Überlegungen zur Wirkungsgeschichte seiner Dichtung. In: Die deutsche Romantik. Poetik, Formen und Motive. Hrsg. von Hans Steffen. Göttingen: Vandenhoeck & Ruprecht, 1967. S. 229, 233. – © 1967 Vandenhoeck & Ruprecht, Göttingen.

In der gleichen Tradition steht der Aufsatz *Philister und Taugenichts* von ALEXANDER VON BORMANN. Von Bormann, von der Berliner Studentenbewegung unmittelbar geprägt, setzt sich mit dem Romantik-Verständnis des Altmarxisten Georg Lukács auseinander und versucht die Leitbilder der Studentenbewegung (Herbert Marcuse und Ernst Bloch) einzubeziehen. So entsteht – auf der Basis der wesentlich differenzierteren Deutungen der Eichendorff-Lyrik von Wilhelm Emrich und Theodor W. Adorno (vgl. Klaus Peter [Hrsg.]: *Romantikforschung seit 1945*, Königstein i. Ts. 1980) – eine neomarxistische »Rettung« der Taugenichtsfigur im Jargon der 60er Jahre:

»Lukács bemerkt weiter, daß die Auffassung des Helden Eichendorffs Erzählung in die künstlerische Nähe der wirklichen VOLKSMÄRCHEN bringt. Der Taugenichts *ist seiner Charakteranlage nach einer jener keineswegs genialen, aber urwüchsig begabten Bauernjungen, die vom ›normalen‹ Betrieb der kapitalistischen Gesellschaft zumeist zu durchschnittlichen Arbeitsameisen nivelliert werden.* Eichendorffs Held unterscheidet sich grundsätzlich von der intellektuellen, bohème-anarchistischen Opposition. Er steht – und das begründet nach Lukács den Märchencharakter der Erzählung – *vor* dem sozialen Deklassierungsprozeß, den der Kapitalismus herbeiführt und den die Bohème-Revolten voraussetzen. [. . .]

Die *Perspektive* des jugendlichen Ich-Erzählers bestimmt sehr wesentlich den Typus des Taugenichts-Romans. Die Kritik am Vater, an der väterlichen Welt richtet sich gegen den Leistungsanspruch und den *Rumor* der Arbeitswelt. Die Schlafmütze, die der Philister fast immer trägt, kennzeichnet den *Schlaf des Geistes*, den Eichendorff als *Unwißenheit in göttlichen Dingen* bestimmt: *daher Unglaube-Selbstsucht, Hochmuth-Sinnlichkeit.* Ihm wird *der wirkliche Schlaf der Unschuld in der Kindheit* entgegengesetzt: *der Feind hat keine Macht, das Unheimliche geht vorüber.* Die Festigkeit, mit der die Taugenichtse *Ich* sagen, ist doch im wesentlichen reflexionslos, also nicht aus bewußter Gegenstellung zum Schlaf des Geistes gewonnen. Der Taugenichts wird – trotz der autobiographischen Berichtsform – nie zum problematischen Helden des bürgerlichen Romans. Die Grundprämisse der Ich-Perspektive kann hier nicht sein, *daß die Welt aufgesogen, daß das Ich die Mitte aller Dinge geworden ist.* Lukács tut recht daran, den Taugenichts als Typus zu interpretieren, zumal da er namenlos bleibt. Seinen ›Namen‹ erhält er vom Vater – der Sohn nimmt die Qualifizierung *Du Taugenichts* jeweils *recht gern* auf sich. Er hat die bürgerliche Ethik und Anthropologie, die in der Inthronisation des Leistungsprinzips gipfelt, noch nicht in sein Gewissen und in sein Unbewußtes aufgenommen. Die in ihm verkörperte Absage an die bürgerliche Leistungs- und Erwerbsgesellschaft ist so fundamental, daß sie nicht dialektisch in konkreter Negation entfaltet werden kann.

Die Absage an die Pflichtmoral, die der Taugenichts verkörpert, muß dem bürgerlichen Bewußtsein notwendig als Faulenzerei, als Gammeln, als Un-Moral erscheinen. Doch Eichendorffs Taugenichts, der sich diesem Vorwurf freilich leichtsinnig aussetzt, verwahrt sich dagegen; angesichts eines blasenden Hirten denkt er: *Ja, wer es so gut hätte wie so ein Faulenzer! unsereiner muß sich in der Fremde herumschlagen und immer attent sein.* Die Absage an das Leistungsprinzip als *das herrschende Prinzip einer auf Erwerb und Wettstreit ausgerichteten Gesellschaft* (Marcuse) erfolgt im Namen einer Liederlichkeit, die ihren Widerstand aus dem *Streben nach direkter Orientierung auf qualitative Werte* speist und so (als besseres Gewissen) keinen Grund hat, sich zu genieren. So übersteigt die Taugenichts-Perspektive bloße Polemik, die sie immer noch unter die geltenden Kategorien brächte, und entwirft im Festhalten des Lustprinzips die Perspektiven eines Lebens, das nicht mehr auf gegenseitiger Unterdrückung sich aufbaut. [...]

Lukács hat die Problematik von Eichendorffs Ansatz sehr genau getroffen, wenn er schreibt:

Jede romantische Opposition wird dadurch charakterisiert, daß sie die Widersprüche der kapitalistischen Gesellschaft zuweilen scharfsinnig aufdeckt, mit echter Erbitterung und treffendem Spott bekämpft, jedoch nicht imstande ist, ihr Wesen zu begreifen.

Die Gegenüberstellung von Taugenichts und Philister, die Lukács und Meyer als Verkürzung der kritischen Perspektive rügen, ist in diesem Sinne durchweg romantisch.

[...] der Taugenichts ist grundsätzlich kein Klassenkämpfer; vielmehr sucht er einen Standpunkt jenseits dieser Gegensätze zu antizipieren, etwa so:

An die Stelle der alten bürgerlichen Gesellschaft mit ihren Klassen und Klassengegensätzen tritt eine Assoziation, worin die freie Entwickelung eines jeden die Bedingung für die freie Entwicklung aller ist (Marx).

Indem dieser (zukünftige) Zustand vom Taugenichtsroman (von der Idylle) antizipiert werden soll, seine Bedingungen aber noch nicht gegeben sind, legt der Schatten der Schwermut sich über diese heiteren Erzählungen.«

Alexander von Bormann: Philister und Taugenichts. Zur Tragweite des romantischen Antikapitalismus. In: Aurora 30/31 (1970/71) S. 98–102, 108. – Mit Genehmigung von Alexander von Bormann, Laren.

Ähnlich kritisch und zugleich zeitgebunden ist die *Taugenichts*-Schelte von JOST HERMAND. Sie bezieht sich nicht nur auf den Text Eichendorffs, sondern auf eine Reihe »neuromantischer« Helden (in Texten von Hauptmann, Hesse und weniger bekannten Autoren), die Eichendorffs Figur nachempfunden sein könnten. Die Problematik dieses Aufsatzes ist die allzu unkritische Identifikation der modernen »Seelenvagabunden«, die Hermand bis zur Bewegung der »Flower people« verfolgt, mit dem Taugenichts (im Sinne Eichendorffs). Die Flucht in ein vagierendes Leben in der Natur macht noch keinen Taugenichts. Dennoch lohnt die Auseinandersetzung mit Hermands Thesen.

»Und so entwickelt sich neben diesem ‚perfektibilistischen‘ Denken [von Aufklärung und bürgerlichem Liberalismus] bereits in statu nascendi eine ‚returnistische‘ Gesinnung, die der Idee der menschlichen Vervollkommnung einen romantisch verklärten Neoprimitivismus entgegensetzt, der die fortschreitende Kultivierung des Menschen und der von ihm geschaffenen Umwelt mit höchster Skepsis betrachtet.

Wie erregend man diesen Zwiespalt empfand, beweisen schon die Werke von Rousseau, in denen der Gedanke der ‚perfectibilité‘ direkt neben dem ‚noble sauvage‘ steht. Ähnliches findet sich in Deutschland bei Herder, in Schillers Konzept des ‚Naiven‘ und ‚Sentimentalischen‘ und dann verstärkt in der Romantik, die dem Gedankengut der aufklärerischen Vervollkommnung des Menschengeschlechts mit einem irrationalen Spontanismus, einer Heiligung alles Alten und einer bewußten Verklärung des Unfertigen und Außergesellschaftlichen entgegentritt. Und zwar äußert sich dieser dialektische Affront gegen den ins ‚Progressive‘ tendierenden Rationalismus auf zwei Ebenen. Entweder bleibt man – wie manche Frühromantiker – in einer paradoxen Widersprüchlichkeit stecken, da man trotz aller Tendenzen ins Returnistische nicht auf seinen hochgespannten Subjektivismus verzichten will, oder man entzieht sich dieser Spannung ins Märchenhafte: wird zum Tunichtgut, zum Vagabunden, zum Dropout, der sich in rührender Naivität zu den Kindern und dem ‚fahrenden Volk‘ gesellt, als gebe es weder die moderne Welt der Städte noch die zunehmende Mechanisierung und Bürokratisierung so vieler menschlicher Lebensbereiche.

Eichendorffs *Taugenichts* (1826) mag hier als ein Beispiel für viele stehen. Heißt es nicht von ihm, daß er nur danach trachtet, in der Welt »herumzuvagieren«? Alles, was er treibt, sind »brotlose Künste und unnützes Zeug«. Ab und zu macht er sich einmal als Gärtnerbursche oder Reisebegleiter nützlich, doch sonst steht ihm »ein ewiger Sonntag im Gemüte«. Man mag das – harmloserweise – als den ‚Ferientraum' eines preußischen Beamten interpretieren, der Eichendorff ja war. Vielleicht auch als nostalgischen Rückblick auf seine unbelastete Jugend- und Studentenzeit. Doch dahinter steht eigentlich mehr. Genau betrachtet, findet man hier schon fast das gesamte Konzept jenes ‚romantisch-utopischen Antiökonomismus', dessen »Opposition« gegen das »Arbeitenmüssen« oft in eine schwelgerische »Verherrlichung des Müßiggangs« umschlägt, wie Georg Lukács einmal behauptet. In ‚romantischer' Sicht will diese Märchennovelle ein menschenwürdiges Dasein in einer sich allmählich ‚verfremdenden' Welt vordemonstrieren. Anstatt jedoch das ‚Neue' dieser Welt dialektisch zu bewältigen, das heißt es mit dem eigenen Lebensgefühl zu integrieren, weicht man ihm aus und landet so in seiner Kritik an sinnloser, ausbeuterischer Arbeit bei der Verwerfung von nützlicher Tätigkeit überhaupt.

[...] Wie schon bei Eichendorff wird so auch im Rahmen der sogenannten ‚Neuromantik' ein dialektisches Überwinden der bestehenden Widersprüche verpaßt. Anstatt sich wie im Naturalismus an eine Synthese zwischen Dichtung und naturwissenschaftlichem Weltbild heranzuwagen, weicht man wiederum ins Utopische, Idyllische oder Märchenhafte aus. Man nennt es zwar eine ‚konservative Revolution' oder ‚fortschrittliche Reaktion', wenn man der gesamten modernen Zivilisation den Rücken kehrt und sich wieder den ‚Mächten der Ewigkeit' zuwendet, landet aber in Wirklichkeit meist bei Bildungsträumereien oder hilflosen Klischees. [...]

Wohl die populärste Leitfigur in diesem Wirrwarr an Ideologien bildet der ‚neuromantische' Seelenvagabund oder Seelenstrolch, weil er die einfachste, simpelste, trivialste ist und daher in romanhafter Form bald auf allen Schreib- und Nachttischen lag. Und zwar wird in diesen romantisierenden Vagabundenbüchern ein vages, verschwommenes, leicht erotisiertes, aber liebenswürdiges Lebenspathos verkündet, mit dem sich sogar der Geringste und Ungebildetste identifizieren konnte. Man kennt die Titel, kennt die Namen und

kennt auch ihre Erfolge: der *Peter Camenzind* (1904) und
Knulp (1915) von Hermann Hesse, *Einhart, der Lächler*
(1907) von Carl Hauptmann, *Ingeborg* (1906) von Bernhard
Kellermann, *Zwölf aus der Steiermark* (1908) und *Ein
Landstreicher* (1922) von Rudolf Hans Bartsch, *Ins Blaue
hinein* (1917) von Max Jungnickel, *Menschenwege* (1917),
Eros und die Evangelien (1921) und *Narren und Helden*
(1923) von Waldemar Bonsels, die sich alle drei im Unterti-
tel ‚Aus den Notizen eines Vagabunden‘ nennen, *Cherpens
Binscham der Landstreicher* (1920) von Hans Reiser, *Der
Wunderapostel* (1925) von Hans Sterneder, *Lampioon küßt
Mädchen und kleine Birken* (1928) von Manfred Haus-
mann, zum Teil auch der *Jost Seyfried* (1905) von Cäsar
Flaischlen, der *Emanuel Quint* (1910) von Gerhart Hauptmann oder ein Eulenspiegel-Roman wie Klabunds *Bracke*
(1918). Auch die Wanderer- und Landstreicher-Romane von
Knut Hamsun, die sich in Deutschland einer ungewöhn-
lichen Beliebtheit erfreuten, haben diesen Grundtenor.
[. . .]
Was man damit ausdrücken will, beschränkt sich auf die
simple Tatsache, daß im Kind noch alles Sehnsucht, Möglichkeit und Erwartung ist. Die ‚unverdorbene‘ Jugendlich-
keit wird daher – trotz aller freudianischen Gegenbeweise –
bis ins Kitschige romantisiert. Selbst mit 35, ja 45 Jahren
sind diese Vagabunden immer noch harmlose Jugendbe-
wegte, die am liebsten bis ins hohe Alter hinein so weiter
‚spielen‘ würden. Bei einer solchen Einstellung, die im
Stande der paradiesischen Unschuld verharren will und deshalb jedes ‚perfektibilistische‘ Denken als ‚widernatürlich‘
empfindet, können – gattungsmäßig gesehen – nur Antibil-
dungs- oder Antientwicklungsromane entstehen. Denn was
gibt es hier zu lernen, wo man von Natur aus alles so reich-
lich mitbekommen hat? Es fehlt daher völlig jener berühmte ‚Stein des Anstoßes‘, über den jeder ‚Wanderer‘ einmal stolpern muß, wie es Goethe in seinem *Wilhelm Meister* durchexerziert. Und so läßt sich denn beobachten, daß
man jeder möglichen Problematik, jeder Konfliktsituation,

jeder grundsätzlichen Entscheidung von vornherein aus-
weicht, um sich nicht in seinem bewußt harmonisierten Lebensgefühl beirren zu lassen. Die meisten dieser Vagabunden sind betont antireflektorisch eingestellt. Sie wollen alles
nur aus dem Herzen wissen, anstatt sich auch mal mit ihrem
Intellekt abzugeben. »Das Sinnen und Gedankenmachen
hat keinen Wert«, sagt Knulp, »und man tut ja auch nicht,
wie man denkt, sondern tut jeden Schritt eigentlich ganz
unüberlegt so, wie das Herz gerade will.« Was sie daher an
Maximen von sich geben, sind meist erschreckende Binsen-
weisheiten. Wehe, wenn man ihre tiefklingenden Sprüche
einmal aufspießt und ihres romantisierten Stimmungscha-
rakters entkleidet. [...]
Damit soll nichts gegen die grundsätzliche Protesthaltung
dieser Bücher gesagt sein. Sie ist in vielem durchaus berech-
tigt. Niemand wird den romantischen Taugenichtsen und
den heutigen Flower people verübeln, daß die den verhee-
renden Folgen der modernen Wirtschaftswelt immer wieder
die Sehnsucht nach einem ‚echteren Menschentum‘ entge-
gensetzen, die unter der Kennmarke des ‚romantisch-utopischen Antikapitalismus‘ in die Geschichte eingegangen ist.
So weit, so gut. Wenn man nur endlich erkennen würde, wie
antiquiert diese Proteste sind, mit denen soviel echter Idea-
lismus vergeudet wird. Denn die Lösung der technisch-so-
zialen Frage, die uns allen aufgegeben ist, läßt sich nicht
durch eine Sympathie mit dem Asozialen erzwingen. Außerdem dürfte es inzwischen klar geworden sein, daß diese
romantisierenden Dropouts nur auf dem Boden jener Kul-
tur gedeihen können, die sie scheinbar so grenzenlos ver-
achten. So wie die Boheme des 19. Jahrhunderts am besten
im ‚juste milieu‘ florierte, sind diese Seelenvagabunden nur
in einer ‚affluent society‘ möglich. Einmal ganz grob gesprochen, verbergen sich in ihnen die raffiniertesten Schma-
rotzer der heutigen Industriegesellschaft.
[...] Anstatt die momentan herrschende Diskrepanz einfach
zu überspringen und in romantische Klischees zurückzufal-
len, die trotz ihres poetischen Schimmers von rührender

Belanglosigkeit sind, wäre es an der Zeit, diese Spannung in einer neuen Synthese aufzufangen. Mit incognito reisenden Märchenprinzen, die auch ohne Geld existieren können, lassen sich solche Probleme schwerlich lösen. Wer also nicht parasitär eingestellt ist, muß schon die Technik und damit die Verstädterung und Mechanisierung in ein neues Konzept vom ›echteren Menschentum‹ mithineinnehmen. Als romantischer Seelenstrolch wird man solche Möglichkeiten nie ins Gesichtsfeld bekommen und sich immer wieder ins ›Ungewisse‹ verlieren.«

Jost Hermand: Der ›neuromantische‹ Seelenvagabund. In: Wolfgang Paulsen (Hrsg.): Das Nachleben der Romantik in der modernen deutschen Literatur. Die Vorträge des Zweiten Kolloquiums in Amherst/Mass. Heidelberg: Stiehm, 1969. S. 95 bis 99, 112–115. – © 1969 Verlag Lambert Schneider, Gerlingen.

Eine Verbindung von psychoanalytischer und sozialkritischer Analyse versucht WOLFGANG PAULSEN, wobei die psychoanalytische Komponente einzig auf der indifferenten Liebe des Taugenichts zu zwei Frauen basiert und kaum als Grundlage einer überzeugenden Interpretation ausreicht. Für die psychoanalytische Erschließung Eichendorffscher Texte ist die (im Taugenichts nicht konstituierende) Doppelheit des Frauenbildes wesentlich (vgl. mein Nachwort zu: Joseph von Eichendorff: Sämtliche Erzählungen, Stuttgart 1990, S. 635–646). Paulsen spielt auf diese »polaren Gegensätze des Weiblichen« bei Eichendorff an, kann sie jedoch im Taugenichts gar nicht nachweisen:

»Eichendorffs Novelle las sich wie eine Kinderfibel für das deutsche Bürgertum, als ein unverbindliches Märchen für Erwachsene, die es nicht sein wollten und sich statt dessen gerne in eine Kindheit zurückversetzen ließen, wie es sie in Wahrheit gar nicht gab, in einen Zustand des Kindseins also von offenbar archetypischen Dimensionen. [...]
Der Taugenichts verdankt auch sonst und im ganzen den

ihm eigenen seelischen wie sozialen Schwebezustand fraglos
dieser Perspektive von außerhalb auf das Bürgertum. Wenn
Eichendorff eine solche Figur aufgreift, schafft er sich einen
‚Helden‘, für den jede Art von sozialer Verankerung weg-
fällt. Er ist zwar ein gebürtiger Müllerssohn, aber seine Geburt scheint für ihn über das Kreatürliche hinaus nicht weiter verbindlich zu sein. Sein Vater wird wahrscheinlich nur
des romantischen Requisits der Mühle wegen als Müller
eingeführt; er könnte im übrigen alles oder nichts sein, es
würde auf die Geschichte des Sohnes keinen Einfluß haben.
Nicht dessen mangelndes Verhaftetsein im Bürgertum ist
aber das Auffallende, sondern die Tatsache, daß Eichendorff
seine Novelle um einen Helden aufgebaut hat, der ebenso
wenig zum Adel gehört wie zum Bürgertum. Seiner Affini-
tät für ihn entspricht eine schmunzelnde Distanziertheit,
und eine entsprechende ambivalente Reaktion scheint er damit auch im bürgerlichen Leser wachzurufen, der bei allem
Sinn für die hohen dichterischen Qualitäten des kleinen
Werkes ein leises Unbehagen mit gewissen, in ihr zum
Ausdruck gebrachten Tendenzen gelegentlich nicht unter-
drücken kann.
[...] Der eigentümliche Reiz seiner Novelle liegt daher ver-
ständlicherweise nicht zuletzt in der in ihr so geschickt ma-
nipulierten Doppelgesichtigkeit, die jede eindeutige Entscheidung für oder wider die gegebene Wirklichkeit vermeidet und Bürgerlichkeit wie Vagantenromantik gleicherma-
ßen in eine verschämt ironische Beleuchtung rückt. Der
Taugenichts, der als Einnehmer im Schlafrock seine Pfeife
raucht, ist von einem hartgesottenen Philister kaum noch zu
unterscheiden, und die im dritten Kapitel wenigstens als
Gedanke – und damit auch als Versuchung – auftauchende
Möglichkeit, mit einem ›schmucken Mädchen‹ – schon diese
Formulierung ist wieder erzphiliströs – im bürgerlichen
Ehehafen einzulaufen, überrascht den Leser nicht mehr,
denn – soviel ist bereits klar – irgendwann wird dem netten
Burschen ja nicht viel anderes übrig bleiben. [...]
Wie schwierig es sich für den Taugenichts mit dem Weibli-

chen verhält, wird daraus deutlich, daß es ihm hier gleich in doppelter Gestalt begegnet, denn die beiden ›vornehmen Damen‹, von denen die eine sich am Ende als nicht vornehmer herausstellt als der Taugenichts selbst, verkörpern ja nicht die für Eichendorff so typischen polaren Gegensätze des Weiblichen, sondern sie scheinen in sich eine Aufspaltung des weiblichen Moments darzustellen. Der Taugenichts verliebt sich prompt, aber er weiß zunächst nicht genau, in wen, denn ›eigentlich gefielen‹ sie ihm, wie er ausdrücklich erklärt, ›alle beide‹ [. . .].«

Wolfgang Paulsen: Eichendorff und sein Taugenichts. Die innere Problematik des Dichters in seinem Werk. Bern/München: Francke, 1976. S. 6, 10, 13, 106. – © 1976 A. Francke Verlag GmbH, Tübingen.

Als einen modernen dichterischen Reflex auf das poetische Umherziehen des Taugenichts läßt sich PETER HANDKES Lebens- und Arbeitsweise, wie er sie in einem Interview 1990 darstellte, verstehen.

HANDKE. Ich bin fast überall in Europa herumgezogen. Ich habe in Jugoslawien angefangen, dann bin ich nach Griechenland und nach Ägypten. Schließlich bin ich übergewechselt nach Japan und habe es der Länge nach durchstreift.

SPIEGEL. Durchstreift heißt durchwandert?

HANDKE. Soweit das geht, in Japan kann man ja schlecht wandern. Da kann man nur in den Bergen gehen. Auf halber Höhe kann man auch nicht gehen, weil da Urwald ist. [. . .]

SPIEGEL. Wie sieht diese Wanderschaft aus? Sie kommen in Japan an, stellen Ihr Gepäck irgendwo ab – oder tragen Sie alles bei sich, was Sie besitzen?

HANDKE. Ich habe ja nichts.

SPIEGEL. Außer einer Zahnbürste.

HANDKE. Ein T-Shirt braucht man schon. Aber das können Sie am Abend im Hotel waschen, und bis zum nächsten

Morgen trocknet es. Ich habe immer zuviel mitgehabt. Ich habe oft einen Pullover zusätzlich gehabt und ihn nie angezogen.

[...] Oft bin ich irgendwo in einen Zug eingestiegen und habe nicht gewußt, wo ich bin. Die Schilder sind nicht zu entziffern, und ich wußte nicht, in welcher Richtung ich unterwegs war. Fragen kann man auch nicht, weil unter hundert höchstens einer ein bißchen Englisch kann.

SPIEGEL. Was Sie aus Japan erzählen, klingt wie aus einer früheren Zeit. Und die Bilder von dem, was früher war, was Sie früher erlebten, spielen bei Ihnen eine wichtige Rolle.

HANDKE. Ach, das schwindet seltsamerweise allmählich. Ich dachte immer, zumindest auf die Heimatgegend wäre Verlaß. Diese kleinen Winkel, die man aus der Kindheit kennt. Die Luft, diese besondere Luft, und das Licht, das früher erst kenntlich wurde durch das Wiederholen, das scheint zu schwinden. [...]

SPIEGEL. Ist das Reisen eine Flucht, um mehr zu erleben, mehr zu leben?

HANDKE. Ich weiß aus Träumen, daß wir alle mehr erleben könnten. Es ist ja eine Schande, wie wenig wir erleben. Der Alltag ist schändlich leblos.

[...] Ich kann mir einfach nicht mehr vorstellen, in einem Haus zu sitzen, Vorhänge vorzuziehen und Putzmittel kaufen zu gehen.

[...] Es gibt nichts Schöneres, als das Gefühl aufzubrechen. Diese Geschichten aus Amerika, wo die Männer nur mal Zigaretten holen gehen, um dann nie wiederzukommen, mache ich ganzjährig.

SPIEGEL. Und sind Sie glücklicher, als wenn Sie irgendwo festsäßen?

HANDKE. Wenn einen unterwegs die Schwermut packt, dann, weil man jetzt nicht zu Hause ist. Während die Schwermut, die einen zu Hause packt, zum Grab hinführt. Auf Reisen denkt man immer noch, es geht ja noch heimwärts. Zu Hause heißt Schwermut für mich eigentlich Tod. Schwermut ist Gedankenverhinderung. [...]

SPIEGEL. Dann haben Sie nie das Gefühl, das Leben versäumt zu haben, wenn Sie Monate und Jahre unterwegs sind.

HANDKE. Nein, da denke ich mit großer Freude zurück, weil ich das Leben genutzt habe, auch wenn ich nicht zum Tanzen gegangen bin. Ich würde das Gleiche noch einmal machen: dieselbe Reise, vielleicht mit kleinen Varianten. [. . .] Ich habe jetzt ein ideales Leben, ich ziehe herum, gehe aus dem Hotel ins Café, denke, wo könnte ich heute hinfahren, fahr' ich in die Natur, oder nehme ich das Flugzeug und flieg' nach Lissabon.

SPIEGEL. Wenn man das hört, wird man schrecklich neidisch, aber man erschrickt auch.

HANDKE. Die vielen Möglichkeiten sind fast schon stummfilmreif, weil man dann vor der Abfahrtstafel steht und einen Entschluß für den Tag sucht. Da stehen Sie zwei Stunden davor und wissen nicht, wo Sie hinsollen. Oft und oft ist es mir in diesem Jahr so gegangen. Ich könnte alles tun und mach' dann nichts.

Der Spiegel. Nr. 16. 16. April 1990. S. 220–234. – Mit Genehmigung des Autors.

Wie fraglich die Ziele des ungebundenen Herumziehens der Eichendorffschen Taugenichts-Figur sind, hebt STEFAN NIENHAUS mittels einer Stiluntersuchung hervor – die im übrigen die von Kohlschmidt zuerst beobachtete ›Formelhaftigkeit‹ von Eichendorffs Stil mit neuem Vokabular beschreibt. Am Beispiel des Liedzitats »vielschöne, gnädige Fraue« weist er eine Struktur formelhafter, inhaltlich vager Wiederholungen im *Taugenichts* nach, die das poetische Wort geradezu selbst als Ziel erscheinen lassen:

»Der im Lied vorgegebene Ausdruck von der ›vielschöne(n) gnädige(n) Fraue‹ rekurriert über den ganzen Text verteilt als dessen dominantes Leitmotiv. Insgesamt handelt es sich um Wiederholungen als partielle Rekurrenzen, bei denen der Grundausdruck leicht variiert wird zu ›die schöne Frau‹

und auch: ›die schöne Gräfin‹. Die ›schöne Frau‹ wird in der
Darstellung kaum als Figur bedeutsam, sondern dient als
für den gesamten Handlungsverlauf gültiges, nur durch den
Namen definiertes Objekt der liebenden Verehrung des jugendlichen Helden. Obwohl Zielpunkt aller Handlungsent-
scheidungen, gewinnt sie selbst doch keine Kontur. Der
Tatsache, daß die Figur normalerweise nicht ›so genau‹ hin-
sieht, entspricht das weitgehende Fehlen irgendwelcher de-
taillierten Deskriptionen der weiblichen Heldin des ›Taugenichts‹.
[...] Für den Taugenichts gibt es bei der ›schönen Frau‹ nur
ein einziges wirkliches Erkennungsmittel: die als Merkmal
der Figur konstant gehaltenen ›niedergeschlagenen Augen‹.
Die variierten Merkmale sind dagegen entweder wider-
sprüchlich (erst werden ›die dunkelbraunen Haare‹ erwähnt, dann ist jedoch von ›dem schwarzen Haar‹ die Rede)
oder stellen sich durch den Kontext als Verwechslung heraus: Die ›Stimme‹ und ›die kleinen Füßchen‹, die der Taugenichts wiedererkennen will, sind nicht die Aureliens, der
wahren ›schönen Frau‹, sondern die ihrer Freundin Flora;
die ›Stimme der gnädigen Frau‹, die er in Rom wiederzuhö-
ren meint, ist dann sogar die der ihm völlig unbekannten
italienischen Gräfin. [...]
Immer wenn der Taugenichts denkt, daß er ›der schönen
gnädigen Frau nachspränge‹, ist es nur der nichtssagende
Name, auf den er jedesmal hereinfällt: Nicht die ›schönen
Augen‹ sind der ›Bann‹, dem er verfallen ist, sondern das
verwirrende und entwirklichende Spiel der rekurrierenden
Wörter ist es, das ihn während seiner traumhaften Verfol-
gung der Frau gefangenhält und ihn freilich nach all den
Abirrungen zu guter Letzt doch zur Richtigen führt.«

Stefan Nienhaus: Eichendorffs Wiederholungsstil.
Eine Untersuchung des Erzählwerks. Münster:
Kleinheinrich, 1991. S. 44 f. – © 1991 Kleinheinrich
Verlag für Kunst, Literatur, Wissenschaft, Mün-
ster.

VI. Verfilmungen

Es existieren drei Verfilmungen des *Taugenichts*:

1. *Geschichte von der schönen blauen Donau in fünf Akten*

(Stummfilm, Deutschland, 1922; nach Motiven der Novelle von Joseph von Eichendorff *Aus dem Leben eines Taugenichts*; Drehbuch: Carl Froelich, Walter Supper; Regie: Carl Froelich; Uraufführung: 1. September 1922 in Berlin.)
»Die Drehbuchautoren haben Eichendorffs Text praktisch nur die komischen Verwicklungen entnommen, ja, zum Zwecke der Publikumswirksamkeit zusätzlich die Figur des Zauberers Mumpizetti hinzuerfunden, der ›auf seinem fliegenden Schwein durch die Lüfte über die Alpen [...] fährt, in der italienischen Osteria seine unheimlichen Schnurrpfeifereien [...] vollbringt und schließlich alles zum guten Ende [...] führt‹« (Westenberger-Mayer, S. 20).
Obwohl der Stummfilm-Klamauk die musischen Qualitäten des Helden kaum übermittelt, sieht die zeitgenössische Kritik in ihm die Darstellung besonders ›deutschen Empfindens‹. Die *Illustrierte Filmwoche* (Nr. 36, 1922) berichtet: »Es gab in der Premiere Momente, in denen das Publikum hell aufjubelte. So bei der Szene, als dem trunkenen Zauberer eine Maus in den Mund kriecht, die er verschluckt [...] jeder Freund Eichendorffscher Poesie und Lieder wird seine Freude an diesem Bildwerk haben, das ganz aus deutschem Empfinden herausgegriffen, nur für Deutsche bestimmt zu sein scheint. [...] Alles in allem: Karl Froelich hat mit diesem Film ein Werk geschaffen, für das ihm jeder deutsch empfindende Mensch herzlichsten Dank wissen wird. –«

2. *Aus dem Leben eines Taugenichts*

(DDR, 1972/73; Drehbuch: Wera und Claus Küchenmeister; Regie: Celino Bleiweiß.) Die Titelrolle spielte der amerikanische Schauspieler und Sänger Dean Reed, der die Lieder mit hartem Akzent singt, als Sprecher jedoch synchronisiert wurde. – In der *Berliner Zeitung* vom 7. Januar 1973 berichtet W. N. Berger unter dem Titel *Deutsche Romantik in neuer Lesart* über den Film: »Die Gestalt des Taugenichts wurde profiliert. Er ist nicht mehr, wie in der Novelle, der junge Bursche, der zu ›nichts taugt‹; im Film gewinnt er Persönlichkeit. Er lernt Zusammenhänge begreifen. Er zieht Schlüsse aus dem, was ihm begegnet. Er meistert Situationen, in die er gerät. Er trifft Entscheidungen, durch die sich sein Leben verändert. Er wird zu einem Mann, der bewußt zu handeln versteht. Dadurch erhält auch die Fabel eine andere Struktur und höhere Qualität. Sie wird gestrafft, geschlossener [...].«

In einer Rezension der *Jungen Welt* von Rulo Melchert (*Eine Lanze für die Romantik?*, 15. Mai 1973) wird die Schwierigkeit des DDR-Sozialismus mit dem unpolitischen, musischen Helden noch deutlicher: »Es [...] geht wohl nicht an, die Figur des Taugenichts ›revolutionär‹ zu machen: er singt bei der Kahnfahrt statt des ›Wohin ich geh und schaue‹ einfach ›Die Gedanken sind frei‹.«

Zwei andere Rezensionen in DDR-Zeitungen fassen zusammen: »Die Autoren waren bestrebt, soziale Konturen hinzuzugeben«. »Behutsam sind die potentiell zeit- und gesellschaftskritischen Motive hervorgehoben und durch heutiges Verständnis vertieft« (zit. nach: Westenberger-Mayer, S. 27f.).

Der Film lief Weihnachten 1973 im Fernsehen des Hessischen Rundfunks. Aus diesem Anlaß schrieb ein Kritiker (W. L.) in der *Stuttgarter Zeitung* (27. Dez. 1973): »Die Freiheiten, die sich dieser Film herausnahm, wurden zur Vogelfreiheit für das literarische Vorbild« (ebd.). – Sabine Westenberger-Mayer faßt zusammen: »Letzten Endes läuft die Bleiweiß/Küchenmeister-Version auf einen Triumph des freien Naturburschen über die Feudalgesellschaft hinaus [...]« (S. 27).

3. *Der Taugenichts*

(BRD, 1977; Drehbuch [1970/71]: Alf Brustellin, Bernhard Sinkel; Regie: Bernhard Sinkel; Filmmusik: Hans Werner Henze.)

Bernhard Sinkel hat sich ausführlich mit Eichendorff und dessen gesamtem Werk befaßt; Sinkels Film – mit dem ursprünglichen Titel *Wildlaufen* – kann als differenzierte und anregende Umsetzung des Stoffes angesehen werden, die nur wegen der besonderen Zeitumstände relativ wenig Resonanz fand (s. u.). Ausführlich informiert die Mainzer Magisterarbeit von Sabine Westenberger-Mayer (1989) über die Entstehung des Filmes. Sie hat vier verschiedene Fassungen des Drehbuchs und umfangreiche Anmerkungen Sinkels ausgewertet sowie Gespräche mit dem Regisseur geführt.

»Sinkel bezeichnet den Taugenichts als eine Figur ohne Psychologie, überdies leide der Titelheld nicht, was eine Identifikation für den Zuschauer so ungemein schwierig mache. Einerseits habe Sinkel die Figur absichtlich so gestaltet, daß man sich kaum mit ihr identifizieren könne, andererseits habe er gehofft, es werde den Rezipienten seines Films ähnlich wie ihm selbst ergehen: sich ohne weiteres in der Figur wiedererkennen zu können.
Diese Ambivalenz drückt sich auch in der Kameraführung aus. Eines der Prinzipien des Films ist es, den Zuschauer die Welt des Taugenichts stets durch dessen Augen sehen zu lassen [. . .].«
                                        Westenberger-Mayer. S. 6.

Um den politisch-sozialen Hintergrund einzubringen, führt Sinkel einen Dampfmühlenbesitzer namens Siglhupfer ein. (Der Name ist Eichendorffs Erzählung *Die Glücksritter* entnommen; bei der Bewertung der Dampfmaschine als Sinnbild eines gefährlichen Fortschritts kann Sinkel sich auf andere Werke Eichendorffs berufen, so z. B. die gesellschaftskritischen Darstellungen in Eichendorffs Essay *Der Adel und die Revolution*.) »Siglhupfer verkörpert [. . .] die

neu entstehende bürgerliche Klasse von bürgerlichen Indu-
striellen« (Westenberger-Mayer, S. 38). Die Adelsgesell-
schaft wird (unter Auswertung von Eichendorffs Essay)
stark satirisch dargestellt und gewinnt einen verstärkten
Einfluß auf den Lebensweg des Taugenichts, den die illustre
Gesellschaft insgeheim gängelt und manipuliert; er wird
schließlich Opfer ihres Intrigenspiels.

Eichendorffs Anspielung im *Taugenichts* auf die Demagogenverfolgung (vgl. Anm. zu 85,33) nutzt Sinkel dazu, lä-
cherliche polizeiliche Suchaktionen zu zeigen. Irrtümlich
wird der Taugenichts als konspirativer Student angesehen,
wobei sich die Obrigkeit allerdings gehörig blamiert. Zugleich ergeben sich damit auch beabsichtigte Bezüge zur Si-
tuation der bundesrepublikanischen Gesellschaft zwischen
1968 und 1977. (Der Hinweis auf die zeitgenössischen Bil-
derbögen etwa dürfte auf die fragwürdige Rolle der *Bild-
Zeitung* anspielen, die als »Springer-Presse« in der Studentenbewegung besonders scharf angegriffen wurde.) Bürger
und Polizei haben Vorurteile gegen Studenten und Intellek-
tuelle.

Sinkel – der die Studentenbewegung ebenso mit Sympathie
verfolgte wie der Komponist der Filmmusik, Hans Werner
Henze – konzipierte den Film, als die Studentenbewegung
noch in vollem Schwunge war und positive Impulse bei den
Intellektuellen der Bundesrepublik auslöste. Die Realisa-
tion und Uraufführung des Filmes fielen jedoch mit dem
verstärkten Einfluß der RAF und der Entführung und Er-
mordnung des Arbeitgeberpräsidenten Schleyer zusammen.
Als letzter Drehtag war der 7. September 1977 vorgesehen,
am 6. September wurde Hanns Martin Schleyer entführt.
Bei Sabine Westenberger-Mayer heißt es:

»Wer es darauf anlegt, kann den Film mit einiger Phantasie
als die Geschichte eines ›Ausgeflippten‹ (Zitat Sinkel) sehen,
der seine Freiheit innerhalb der ›Flower-Power-Bewegung‹
sucht, unterwegs aber von den gesellschaftlichen Zwängen
eingeholt wird. [. . .] Als der ›Taugenichts‹ Ende der siebzi-

ger Jahre aber endlich auf die Kinoleinwand kam, erwies er sich in dieser Hinsicht bereits als Anachronismus. Ausgerechnet im Herbst 1977, als der Film Kinopremiere feierte, passierte die Entführung und Ermordung Hanns Martin Schleyers. Wer tatsächlich den ›Taugenichts‹-Film als eine Fülle von Chiffren der Studentenbewegung auffaßte, mußte sich damals unangenehm berührt fühlen.

Westenberger-Mayer. S. 52.

Mit größerem Abstand zu den Ereignissen der Studentenbewegung erscheinen die wenigen deutlichen Hinweise auf die Zeitumstände keinesfalls störend. Der Film kann zwar nicht als präzise, texttreue oder historisch genaue Umsetzung von Eichendorffs Vorlage angesehen werden, muß jedoch als niveauvolle und fruchtbare Auseinandersetzung mit dem Novellentext ernst genommen werden und fordert noch heute zur Diskussion heraus.

Gegenüber der Vorlage ist die Figur insofern verändert, als die tiefe Gläubigkeit und das Gottvertrauen des Taugenichts im Film verbal nicht zum Ausdruck kommen (vgl. Westenberger-Mayer, S. 61); der Taugenichts erscheint als »wildschöner Einfaltspinsel« (Filmprotokoll), der kaum von der Sprache Gebrauch macht und von der Gesellschaft mehr und mehr eingeengt (abgerichtet) wird. Sinkel stellt in der Jahrmarktsszene am Anfang bewußt Verbindung zum »Wolfsjungen« (vgl. François Truffauts gleichnamigen Film von 1969) und zu Kaspar Hauser her, Gestalten, die außerhalb der Gesellschaft aufgewachsen sind und dann mehr oder weniger erfolgreich »sozialisiert« wurden. Er sieht dementsprechend die Jugendzeit des Taugenichts in der Mühle als Aufwachsen außerhalb der Stadt- und Dorf-Gemeinschaft – quasi außerhalb der Gesellschaft. Der Müller erscheint im Film daher auch nicht als Vater des Helden.

Wesentlich verändert ist in Sinkels Film der Schluß, der nicht – wie bei Eichendorff – Glück und unbeschwerte Reise nach Italien verheißt, sondern endgültige Bindung in der bürgerlichen Gesellschaft. Sinkel hat die letzte Szene in den Drehbuchfassungen mehrfach geändert.

»Der elementarste Unterschied zwischen den vier Drehbuchfassungen besteht in der Gestaltung des Schlusses. In-
teressanterweise bieten die Bücher von 1977 [. . .] folgenden
Schluß [. . .]: ›Ideallandschaft. Am Fenster steht der Taugenichts. Er trinkt ein Glas Wasser. Draußen viel Licht. Das
Bild bleibt stehen und zerspringt wie ein Spiegelglas.‹
Die älteste mir vorliegende Version hingegen sieht den
Schluß des Films nach Aureliens Worten ›Du mußt mich
doch erst anfassen‹ vor. Das tatsächlich realisierte Filmende
kommt letzterem eigentlich am nächsten: Die Schloßgesellschaft wird Zeuge von Aureliens resoluter Bändigung des
geflüchteten Taugenichts.«

Westenberger-Mayer. S. 8.

Aufschlußreich ist Sinkels Formulierung einer Überschrift
zu dieser letzten Szene: »Taugenichts wird gezwungen, etwas ›zu begreifen‹, kriegt dafür seine Geliebte und träumt
an seinem Glück vorbei« (ebd., S. 18). »In Sinkels Film [. . .]
entsteht der Eindruck, als sei die Titelgestalt auf jeden Fall
in Italien ihrem ›Glück‹ weitaus am nächsten« (ebd.,
S. 86f.). Am Schluß des Films rückt Sinkel den Taugenichts
in die Nähe des ausbeuterischen Siglhupfer – nimmt er doch
als Geschenk eine Dampfmühle (Sinnbild der neuen ar-
beitsteiligen Welt) an.
Bei der »Ideallandschaft«, die Anfang und ursprünglich
auch den Schluß des Filmes prägen sollte, denkt Sinkel, der
die Memoirentexte Eichendorffs gründlich gelesen hat, offensichtlich an Lubowitz und Eichendorffs Verklärung dieses Kindheitsparadieses. So heißt es im Drehbuch von 1977:
»der Garten der eigenen Kindheit . . ., eine Traumland-
schaft, in der Einzelheiten verschwimmen, sich verlieren.
Keine reale Landschaft, sondern eine Landschaft aus Phantasie und Erinnerung, die im Blick des Taugenichts als seine
subjektive Vorstellung entsteht« (zit. nach: Westenberger-
Mayer, S. 80).
Bedeutungsvoll ist die ursprünglich geplante Wiederholung
und Zerstörung des Bildes:

»Zwischen den traumhaften Ideallandschaften von Filman-
fang und -schluß liegt ein Erziehungsprozeß, der letzten
Endes die Sehnsüchte des Taugenichts unerfüllbar macht.
Der phantastisch idealisierte Schauplatz seiner Kindheits-
träume wird durch seine endgültige Einbindung in bürgerliche Normen unwiderruflich zerstört.
Sinkel begründet die Revidierung der letzten Szene mit dem
zeitlichen Druck, unter dem überhaupt die gesamten Dreh-
arbeiten zu leiden gehabt hätten. [...] Andererseits sieht der
Regisseur in dem abrupten Ende eine weitere Ausdrucks-
möglichkeit, daß der Taugenichts von der Zeit, von der
historischen Realität eingeholt worden ist. Ein formal »ab-
gerundeter« Schluß würde dem unvermittelten Abbruch
der Handlung scharf entgegenlaufen.«

Westenberger-Mayer. S. 82.

Einer der Reibungspunkte der Filmkritik war die Musik
Hans Werner Henzes, die jedoch bewußt verfremdet und
sich von den traditionellen Eichendorff-Vertonungen
ebenso provozierend abhebt wie von geläufigen Filmmusi-
ken. Die bekannte Melodie von »Wem Gott will rechte
Gunst erweisen« ertönt in einer der ersten Sequenzen als
Schulgesang, der von einem Lehrer mit taktierender Flie-
genklatsche eingebimst wird. Solcherart will Sinkel – eigene
Schulerfahrungen und Berichte von Freunden verarbeitend
– die fragwürdige Rezeption gerade dieses Liedes drastisch
verdeutlichen. Für die Filmmusik wählte Sinkel Henze auch
deswegen, weil der Komponist den ›Taugenichts-Weg‹ be-
schritten und Deutschland den Rücken gekehrt hat, um in
Italien zu leben (vgl. Westenberger-Mayer, S. 104). Von
Hans Werner Henzes Musik zum *Taugenichts* ist Sinkel
deshalb überzeugt, weil sie die optischen Eindrücke nicht
»verdoppelt« (Sinkel), sondern dem Geschehen etwas entgegensetzt (vgl. Westenberger-Mayer, S. 103).
So steht Sinkel noch heute positiv zu seinem Film und
begründet: »Das gescholtenste Kind ist vielleicht immer
das liebste Kind« (zit. nach: Westenberger-Mayer, unpag.,
vor S. 1).

VII. Literaturhinweise

1. Abkürzungen

Adelung   Johann Christoph Adelung: Grammatisch-kritisches Wörterbuch der hochdeutschen Mundart [...]. 4 Bde. Leipzig 1793–1801. – Nachdr. Hildesheim / New York 1970.

Aurora   Aurora. Ein romantischer Almanach (seit 1953: Eichendorff-Almanach; seit 1970: Jahrbuch der Eichendorff-Gesellschaft) 1929 ff.

CBW   Clemens Brentano: Werke. 4 Bde. Hrsg. von Wolfgang Frühwald, Bernhard Gajek und Friedhelm Kemp. 2., durchges. und im Anh. erw. Aufl. München: Hanser, 1978.

W   Joseph von Eichendorff: Werke. 6 Bde. Hrsg. von Wolfgang Frühwald, Brigitte Schillbach und Hartwig Schultz. Frankfurt a. M.: Deutscher Klassiker Verlag, 1985–93.

DWB   Deutsches Wörterbuch. [Begr.] von Jacob Grimm und Wilhelm Grimm. 32 Bde. [Bd. 1–16 in 32 Tln.] Leipzig 1854–1954. Erg.-Bd.: Quellenverzeichnis. Ebd. 1971. – Nachdr. 33 Bde. München 1984.

FBA   [Frankfurter Brentano-Ausgabe] Clemens Brentano: Sämtliche Werke und Briefe. Hist.-krit. Ausg. Veranst. vom Freien Deutschen Hochstift. Hrsg. von Jürgen Behrens, Konrad Feilchenfeldt, Wolfgang Frühwald, Christoph Perels und Hartwig Schultz. Bd. 1 ff. Stuttgart: Kohlhammer, 1975 ff.

Gedichte   Gedichte von Joseph Freiherrn von Eichendorff. Berlin 1837.

HKA   Joseph von Eichendorff: Sämtliche Werke. Hist.-krit. Ausg. Begr. von Wilhelm Kosch und August Sauer. Fortgef. und hrsg. von Hermann Kunisch und [seit 1978] Helmut Koopmann. Regensburg: Habbel, [1908 ff.]. Neue Edition. Stuttgart [u. a.]: Kohlhammer, 1962 ff.

Polheim   Karl Polheim / Karl Konrad Polheim: Text und Textgeschichte des »Taugenichts«. Eichendorffs Novelle von der Entstehung bis zum Ende der Schutzfrist. 2 Bde. Tübingen: Niemeyer, 1989.

Werke   Joseph Freiherrn von Eichendorff's Werke. Erster Teil. Gedichte. Berlin 1841.

Westenberger-Mayer   Sabine Westenberger-Mayer: Eichendorffs »Taugenichts«. Eine Verfilmung und ihre Textgrundlage. Magisterarbeit. Mainz 1989.

2. Ausgaben

Aus dem Leben eines Taugenichts und das Marmorbild. Zwei Novellen nebst einem Anhange von Liedern und Romanzen. Berlin: Vereinsbuchhandlung, 1826. [Erstdruck.]

Sämtliche Werke. Hist.-krit. Ausg. Begr. von Wilhelm Kosch und August Sauer. Fortgef. und hrsg. von Hermann Kunisch und [seit 1978] Helmut Koopmann. Regensburg: Habbel, [1908 ff.]. Neue Edition. Stuttgart [u. a.]: Kohlhammer, 1962 ff.

Neue Gesamtausgabe der Werke und Schriften in vier Bänden. Hrsg. von Gerhard Baumann in Verb. mit Siegfried Grosse. Stuttgart: Cotta, 1957–58. [»Aus dem Leben eines Taugenichts« in Bd. 2.]

Gesammelte Werke. 3 Bde. Hrsg. von Manfred Häckel. Textrevision und Erl. von Regine Otto. Berlin: Aufbau-Verlag, 1962. [»Aus dem Leben eines Taugenichts« in Bd. 3.]

Werke. Hrsg. von Wolfdietrich Rasch. 4., durch Anm. erw. Aufl. München: Hanser, 1971.

Werke in fünf Bänden. Mit Einf., Anm., Zeittafeln, Auswahlbibliogr. und Registern von Ansgar Hillach (Bde. 1–2) und Klaus-Dieter Krabiel (Bde. 3–5) sowie einem Nachw. zur gesamten Ausg. von Peter Horst Neumann. München: Winkler, 1970–88. [»Aus dem Leben eines Taugenichts« in Bd. 2.]

Werke. 6 Bde. Hrsg. von Wolfgang Frühwald, Brigitte Schillbach und Hartwig Schultz. Frankfurt a. M.: Deutscher Klassiker Verlag, 1985–93. [»Aus dem Leben eines Taugenichts« in Bd. 2.]

Sämtliche Erzählungen. Hrsg. von Hartwig Schultz. Stuttgart: Reclam, 1990. (Universal-Bibliothek. 2352.)

Aus dem Leben eines Taugenichts. Novelle. Hrsg. von Hartwig Schultz. Stuttgart: Reclam, 1992. (Universal-Bibliothek. 2354.)

3. Bibliographien, Forschungsberichte, Kommentare

Eichendorff, Karl von: Ein Jahrhundert Eichendorff-Literatur. Regensburg 1927. [HKA 22.]

Meyer, Hans M.: Eichendorff-Bibliographie. In: Aurora 13 ff. (1953 ff.). [Eichendorff-Literatur seit 1945. Fortlaufendes Verzeichnis. Seit 1976/77, Aurora 38 ff. (1978 ff.), bearb. von Irmela Holtmeier.]

Ranegger, Franz: Die Eichendorff-Literatur seit 1945. In: Aurora 18 (1958) S. 93–101. Nachlese. In: Aurora 19 (1959) S. 93–98.

Kron, Wolfgang: Eichendorff-Bibliographie: In: Eichendorff heute. Stimmen der Forschung mit einer Bibliographie. Hrsg. von Paul Stöcklein. München 1960. S. 280–329. [Nachtrag ^{2}1966. S. 330.]

Mauser, Wolfram: Eichendorff-Literatur 1959–1962. In: Der Deutschunterricht 14 (1962) H. 4, Beilage. S. 1–12.

Müller, Joachim: Der Stand der Eichendorff-Forschung. In: Forschungen und Fortschritte 37 (1963) S. 155–157.

Mauser, Wolfram: Eichendorff-Literatur 1962–1967. In: Der Deutschunterricht 20 (1968) H. 3. Beilage. S. 1–24.

Krabiel, Klaus-Dieter: Joseph von Eichendorff. Kommentierte Studienbibliographie. Frankfurt a. M. 1971.

Hillach, Ansgar / Krabiel, Klaus-Dieter: Eichendorff-Kommentar. Bd. 1: Zu den Dichtungen. Bd. 2: Zu den theoretischen und autobiographischen Schriften und Übersetzungen. München 1971 bis 1972.

Heiduk, Franz: Eichendorff-Bibliographie. Selbständige Veröffentlichungen. In: Joseph Freiherr von Eichendorff. 1788–1857. Leben, Werk, Wirkung. Eine Ausstellung der Stiftung Haus Oberschlesien und des Landschaftsverbandes Rheinland, Rheinisches Museumsamt Abtei Brauweiler, in Zusammenarbeit mit der Eichendorff-Gesellschaft. Köln/Dülmen 1983. S. 238–250.

Grunewald, Eckhard: Eichendorff-Bibliographie 1959–1986. In: Ansichten zu Eichendorff. Beiträge der Forschung 1958–1988. Für die Eichendorff-Gesellschaft hrsg. von Alfred Riemen. Sigmaringen 1988. S. 453–491.

4. Forschungsliteratur zum Gesamtwerk

Adorno, Theodor W.: Zum Gedächtnis Eichendorff's. In: Th. W. A.: Noten zur Literatur I. Frankfurt a. M. 1958. S. 105–143.

Alewyn, Richard: Eichendorffs Dichtung als Werkzeug der Magie.

In: Neue deutsche Hefte 4 (1957/58) S. 977–985. – Wiederabgedr.
u. d. T.: Ein Wort über Eichendorff. In: Eichendorff heute. Hrsg.
von Paul Stöcklein. München 1960. ²1966. S. 7–18. – Als Nachw.
in: Joseph v. Eichendorff: Werke in einem Band. Ausgew. von Ingeborg Hillmann. Hamburg [1964]. S. 579–592. – Wiederabgedr.
u. d. T.: Eichendorffs Symbolismus. In: R. A.: Probleme und Gestalten. Essays. Frankfurt a. M. 1974. S. 232–244.

Bianchi, Lorenzo: Italien in Eichendorffs Dichtung. Eine Untersuchung. Bologna 1937.

Bollnow, Otto Friedrich: Unruhe und Geborgenheit im Weltbild
neuerer Dichter. Acht Essays. Stuttgart 1953. S. 227–259.

Bormann, Alexander von: Natura loquitur. Naturpoesie und emble-
matische Formel bei Joseph von Eichendorff. Tübingen 1968.

Brown, Marshall: Eichendorff's Times of Day. In: German Quar-
terly 50 (1977) S. 485–503.

Eichner, Hans: Zur Integration der Gedichte in Eichendorffs erzäh-
lender Prosa. In: Aurora 41 (1981) S. 7–21.

Emrich, Wilhelm: Eichendorff. Skizze einer Ästhetik der Geschichte. In: W. E.: Protest und Verheißung. Studien zur klassischen und modernen Dichtung. Frankfurt a. M. / Bonn 1960.
S. 11–24.

– Dichtung und Gesellschaft bei Eichendorff. Ebd. S. 104–110.

Fisher, John Charles: Das Verkleidungsmotiv in den Prosawerken
von Joseph von Eichendorff. Diss. Princeton 1976.

Frühwald, Wolfgang: Eichendorff-Chronik. Daten zu Leben und
Werk. München/Wien 1977. (Reihe Hanser. 229.)

Frühwald, Wolfgang / Heiduk, Franz: Joseph von Eichendorff.
Leben und Werk in Text und Bildern. Frankfurt 1988.

Grunewald, Eckhard / Steinsdorff, Sibylle von (Hrsg.): Ich bin mit
der Revolution geboren … [Ausstellungskat.]. Düsseldorf 1988.

Heinisch, Klaus Joachim: Deutsche Romantik. Interpretationen. Pa-
derborn 1966.

Höllerer, Walter: Schönheit und Erstarrung. Zur Problematik der
Dichtung Eichendorffs. In: Der Deutschunterricht 7 (1955) S. 93
bis 103.

Kessler, Michael / Koopmann, Helmut (Hrsg.): Eichendorffs Mo-
dernität. Tübingen 1989. (Stauffenburg Colloquium. 9.)

Klussmann, Paul Gerhard: Über Eichendorffs lyrische Hierogly-
phen. In: Literatur und Gesellschaft vom neunzehnten ins zwan-
zigste Jahrhundert. Festgabe für Benno von Wiese zum 60. Ge-
burtstag. Hrsg. von Hans Joachim Schrimpf. Bonn 1963. S. 113 bis
141.

Köhnke, Klaus: »Hieroglyphenschrift«. Untersuchungen zu Eichendorffs Erzählungen. Sigmaringen 1986. (Aurora-Buchreihe. 5.)

Kohlschmidt, Werner: Die symbolische Formelhaftigkeit von Eichendorffs Prosastil. Zum Problem der Formel in der Romantik. In: W. K.: Form und Innerlichkeit. Beiträge zur Geschichte und Wirkung der deutschen Klassik und Romantik. Bern 1955. S. 177–209.

Koopmann, Helmut: Heines ›Millenium‹ und Eichendorffs ›alte schöne Zeit‹. Zur Utopie im frühen 19. Jahrhundert. In: Aurora 37 (1977) S. 33–50.

Kunz, Josef: Eichendorff. Höhepunkt und Krise der Spätromantik. Darmstadt 1951. ²1967.

Lämmert, Eberhard: Eichendorffs Wandel unter den Deutschen. Überlegungen zur Wirkungsgeschichte seiner Dichtungen. In: Die deutsche Romantik. Poetik, Formen und Motive. Hrsg. von Hans Steffen. Göttingen ³1967. (Kleine Vandenhoeck-Reihe. 1250.) S. 219–252.

Lent, Dieter: Die Dämonie der Antike bei Eichendorff. Diss. Freiburg i. Br. 1964.

Lucks, Hermann: Wesen und Formen des Dämonischen in Eichendorffs Dichtung. Diss. Köln 1962.

Lüthi, Hans Jürg: Dichtung und Dichter bei Joseph von Eichendorff. Bern/München 1966.

Lukács, Georg: Deutsche Realisten des neunzehnten Jahrhunderts. Berlin 1952.

Meixner, Horst: Romantischer Figuralismus. Kritische Studien zu Romanen von Arnim, Eichendorff und Hoffmann. Frankfurt a. M. 1971.

Möbus, Gerhard: Der andere Eichendorff. Zur Deutung der Dichtung Joseph von Eichendorffs. Osnabrück 1960.

Nienhaus, Stefan: Eichendorffs Wiederholungsstil. Eine Untersuchung des Erzählwerks. Münster 1991.

Pörnbacher, Hans: Joseph Freiherr von Eichendorff als Beamter. Dargestellt auf Grund bisher unbekannter Akten. Dortmund 1963.

Rehder, Helmut: Ursprünge dichterischer Emblematik in Eichendorffs Prosawerken. In: Journal of English and Germanic Philology 56 (1957) S. 528–541.

Rehm, Walther: Götterstille und Göttertrauer. Aufsätze zur deutsch-antiken Begegnung. Bern 1951.

– Prinz Rokoko im alten Garten. Eine Eichendorff-Studie. In: W. R.: Späte Studien. Bern/München 1964. S. 122–214.

Sauter Bailliet, Theresia: Die Frauen im Werk Eichendorffs. Verkörperungen heidnischen und christlichen Geistes. Bonn 1972.

Scheibe, Carl Friedrich: Symbolik der Geschichte in Eichendorffs Dichtung. In: Literaturwissenschaftliches Jahrbuch N. F. 6 (1965) S. 155–177.

Schultz, Hartwig: Form als Inhalt. Vers- und Sinnstrukturen bei Joseph von Eichendorff und Annette von Droste-Hülshoff. Bonn 1981.

Schwarz, Peter Paul: Aurora. Zur romantischen Zeitstruktur bei Eichendorff. Berlin/Bad Homburg v. d. H. [u. a.] 1970.

Seidlin, Oskar: Versuche über Eichendorff. Göttingen 1965. ³1985.

Sørensen, Bengt Algot: Zum Problem des Symbolischen und Allegorischen in Eichendorffs epischem Bilderstil. In: Aurora 26 (1966) S. 50–56. – Auch in: Zeitschrift für deutsche Philologie 85 (1966) S. 598–606.

Spitzer, Leo: Zu einer Landschaft Eichendorffs. In: Euphorion 52 (1958) S. 142–152. – Wiederabgedr. in: Landschaft und Raum in der Erzählkunst. Hrsg. von Alexander Ritter. Darmstadt 1975. (Wege der Forschung. 318.) S. 232–247.

Stein, Volkmar: Morgenrot und falscher Glanz. Studien zur Entwicklung des Dichterbildes bei Eichendorff. Winterthur 1964.

Stöcklein, Paul (Hrsg.): Eichendorff heute. Stimmen der Forschung mit einer Bibliographie. München 1960.

– Joseph von Eichendorff in Selbstzeugnissen und Bilddokumenten. Reinbek 1963. ²1987. (rororo monographien. 84.)

Uhlendorff, Franz: Frühlingssehnsucht und Verlockung bei Eichendorff. In: Aurora 18 (1958) S. 18–32.

5. Forschungsliteratur zur Erzählung »Aus dem Leben eines Taugenichts«

Anton, Herbert: »Dämonische Freiheit« in Eichendorffs Erzählung »Aus dem Leben eines Taugenichts«. In: Aurora 37 (1977) S. 21 bis 32.

Bormann, Alexander von: Joseph von Eichendorff: »Aus dem Leben eines Taugenichts« (1826). In: Romane und Erzählungen zwischen Romantik und Realismus. Neue Interpretationen. Hrsg. von Paul Michael Lützeler. Stuttgart 1983. S. 94–116. – Wiederabgedr. in: Interpretationen: Erzählungen und Novellen des 19. Jahrhunderts. Bd. 1. Stuttgart 1988. (Reclams Universal-Bibliothek. 8413.)

Bormann, Alexander von: Philister und Taugenichts. Zur Tragweite des romantischen Antikapitalismus. In: Aurora 30/31 (1970/71) S. 94–112.

Gump, Margaret: Zum Problem des Taugenichts. In: Deutsche Vierteljahrsschrift für Literaturwissenschaft und Geistesgeschichte 37 (1963) S. 529–557.

Haar, Carel ter: Joseph von Eichendorff. »Aus dem Leben eines Taugenichts«. Text, Materialien, Kommentar. München/Wien 1977. (Hanser Literatur-Kommentare. 6.)

Hermand, Jost: Der »neuromantische« Seelenvagabund. In: Das Nachleben der Romantik in der modernen deutschen Literatur. Die Vorträge des Zweiten Kolloquiums in Amherst/Mass. Hrsg. von Wolfgang Paulsen. Heidelberg 1969. S. 95–115.

Herzig, Walter: Joseph von Eichendorff, »Aus dem Leben eines Taugenichts«. In: W. H.: Weltentwurf und Sprachverwandlung. Untersuchungen zu Dominanzverschiebungen in der Erzählkunst zwischen 1825 und 1950. Bern / Frankfurt a. M. / New York 1983. S. 49–116.

Hillach, Ansgar: Arkadien und Welttheater oder die Auswanderung des Märchens aus der Geschichte. In: Joseph von Eichendorff: Aus dem Leben eines Taugenichts. Frankfurt a. M. 1976 [u. ö.]. (insel taschenbuch. 202.) S. 143–154.

Hughes, G[lyn] T[egai]: Eichendorff: »Aus dem Leben eines Taugenichts«. London 1961. (Studies in German literature. 5.)

Käch, Rudolf: Eichendorffs Taugenichts und Taugenichtsfiguren bei Gottfried Keller und Hermann Hesse. Bern / Stuttgart 1988.

Mann, Thomas: Der Taugenichts. In: Neue Rundschau 27 (1916) S. 1478–1490. – [Ohne Titel u. leicht verändert] wiederabgedr. in: Th. M.: Betrachtungen eines Unpolitischen. Berlin: S. Fischer 1918, S. 372–379. Neuaufl. 1956 [u. ö.]. – Wiederabgedr. u. d. T.: Eichendorffs »Taugenichts«. In: Aurora 3 (1933) S. 77–81.

Meyer, Herman: Der Sonderling in der deutschen Dichtung. München 1963. S. 139–143.

Mühlher, Robert: Die künstlerische Aufgabe und ihre Lösung in Eichendorffs Erzählung »Aus dem Leben eines Taugenichts«. Ein Beitrag zum Verständnis des Poetischen. In: Aurora 22 (1962) S. 13–44.

Muller, A.: Die vierfache Wurzel des Taugenichts. Eine Begriffsbestimmung des Eichendorffschen Romanhelden. In: Etudes germaniques 45 (1990) S. 130–151.

Nygaard, Loisa: Eichendorff's »Aus dem Leben eines Taugenichts«.

»Eine leise Persiflage« der Romantik. In: Studies in Romanticism 19 (1980) S. 193–216.

Paulsen, Wolfgang: Eichendorff und sein Taugenichts. Die innere Problematik des Dichters in seinem Werk. Bern/München 1976.

Polheim, Karl / Polheim, Karl Konrad: Text und Textgeschichte des »Taugenichts«. Eichendorffs Novelle von der Entstehung bis zum Ende der Schutzfrist. 2 Bde. Tübingen 1989.

Polheim, Karl Konrad: Neues vom »Taugenichts«. In: Aurora 43 (1983) S. 32–54.

Poser, Hans: Joseph von Eichendorff: »Aus dem Leben eines Taugenichts«. In: Deutsche Novellen von Goethe bis Walser. Interpretationen für den Deutschunterricht 1. Hrsg. von Jakob Lehmann. Königstein i. Ts. 1980. (Scriptor Taschenbücher. 155.) S. 105 bis 124.

Rodewald, Dierk: Der »Taugenichts« und das Erzählen. In: Zeitschrift für deutsche Philologie 92 (1973) S. 231–259.

Ruland, Josef: Eichendorffs »Taugenichts« und J. J. Rousseaus »Confessions«. In: Zeitschrift für deutsche Philologie 75 (1956) S. 375–385.

Scheyer, Ernst: Johann Erdmann Hummel und die deutsche Dichtung. Joseph von Eichendorff – E. T. A. Hoffmann – Johann Wolfgang von Goethe. In: Aurora 33 (1973) S. 43–62.

Schwarz, Egon: Der Taugenichts zwischen Heimat und Exil. In: Etudes Germaniques 12 (1957) S. 18–33.

Seidlin, Oskar: Der Taugenichts ante portas. Interpretation einer Eichendorff-Stelle. In: Journal of English and Germanic Philology 52 (1953) S. 509–524. – Wiederabgedr. in: Aurora 16 (1956) S. 70–81. – [Ohne Untertitel] wiederabgedr. in: O. S.: Versuche über Eichendorff. Göttingen 1965. S. 14–31.

Tönz, Leo: Von Eduard Mörikes »Der Gärtner« zu Eichendorffs »Taugenichts«. In: Jahrbuch des Wiener Goethe-Vereins 73 (1969) S. 82–93.

Walter-Schneider, Margret (unter Mitarb. von Martina Hasler): Die Kunst in Rom. Zum 7. und 8. Kapitel von Eichendorffs Erzählung »Aus dem Leben eines Taugenichts«. In: Aurora 45 (1985) S. 49–62.

Westenberger-Mayer, Sabine: Eichendorffs »Taugenichts«. Eine Verfilmung und ihre Textgrundlage. Magisterarbeit. Mainz 1989.

Wiese, Benno von: Joseph von Eichendorff: »Aus dem Leben eines Taugenichts«. In: B. v. W.: Die deutsche Novelle von Goethe bis Kafka. Interpretationen. Bd. 1. Düsseldorf 1956. S. 79–96.

Wilpert, Gero von: Der ornithologische Taugenichts. Zum Vogelmotiv in Eichendorffs Novelle. In: Elemente der Literatur. Beiträge zur Stoff-, Motiv- und Themenforschung. Festschrift für Elisabeth Frenzel. In Verb. mit Herbert A. Frenzel hrsg. von Adam J. Bysanz und Raymond Trousson. Stuttgart 1980. Bd. 1. S. 114–128.

Zimorski, Walter: Eichendorffs »Taugenichts« – eine Apologie des Anti-Philisters? In: Aurora 39 (1979) S. 155–175.

Der Verlag Philipp Reclam jun. dankt für die Nachdruckgenehmigung den Rechteinhabern, die durch den Quellennachweis oder einen folgenden Copyrightvermerk bezeichnet sind. Für einige Autoren waren die Inhaber der Rechte nicht festzustellen. Hier ist der Verlag bereit, nach Anforderung rechtmäßige Ansprüche abzugelten.